本书受国家自然科学基金(72102126)资助

考虑对冲策略的再制造生产决策优化研究

孙虹　著◎

·南京·

图书在版编目(CIP)数据

考虑对冲策略的再制造生产决策优化研究 / 孙虹著．—南京：东南大学出版社，2021.11

ISBN 978-7-5641-9798-8

Ⅰ.①考… Ⅱ.①孙… Ⅲ.①制造工业-管理决策-研究 Ⅳ.①F407.4

中国版本图书馆 CIP 数据核字(2021)第 237705 号

责任编辑:孙松茜　**责任校对**:子雪莲　**封面设计**:王　玥　**责任印制**:周荣虎

考虑对冲策略的再制造生产决策优化研究

Kaolü Duichong Celüe De Zaizhizao Shengchan Juece Youhua Yanjiu

著　　者　孙　虹

出版发行　东南大学出版社

社　　址　南京市四牌楼 2 号　邮编:210096　电话:025-83793330

网　　址　http://www.seupress.com

电子邮件　press@seupress.com

经　　销　全国各地新华书店

印　　刷　广东虎彩云印刷有限公司

开　　本　700 mm×1000 mm　1/16

印　　张　10.25

字　　数　207 千字

版　　次　2021 年 11 月第 1 版

印　　次　2021 年 11 月第 1 次印刷

书　　号　ISBN 978-7-5641-9798-8

定　　价　68.00 元

(本社图书若有印装质量问题,请直接与营销部联系。电话:025-83791830)

目 录//

第一章　绪论

1.1　研究背景及意义

1.1.1　研究背景

随着我国工业化和城镇化进程的加快，经济发展与资源环境的矛盾日益尖锐。树立绿色发展意识，建立资源循环利用体系，大幅提升资源利用效率，降低资源能源消耗，是我国工业持续发展的必然要求和根本出路。近年来，中国工业化取得了巨大进步，2018 年，我国工业增加值规模首次超过 30 万亿元，继续保持世界首位。随着燃气轮机等大型设备进入报废高峰期或过了质保期，制造业如何发展绿色制造和先进制造成为关注的热点。统计数据显示，目前，燃气轮机市场容量超过 300 亿元，进入报废高峰期，而工程机械保有量 700 万台，80%超过质保期，盾构设备保有量 1 000 多台，30%报废闲置。年报废汽车约 500 万辆，报废电脑、电视机、电冰箱 1 600 万台，报废手机 2 000 万部，每年产生约 8 亿吨固体废物。预计 2026 年我国报废汽车回收市场规模或将达到 231 亿元。然而，中国废钢铁、废有色金属再生循环利用率仅为 10%、25%左右，而美国废钢利用率超过 50%、日本铝再生利用率超过 90%、欧盟铅再生循环利用率超过 70%。面对当前经济下行压力较大、产能过剩的形势，单纯靠产品规模扩大市场的时代已经一去不复返。作为制造业的自然延伸，再制造产业的发展潜力无疑是巨大的，再制造工程将在汽车及其零部件领域、工程机械领域、农业机械领域、矿山机械领域、国防装备领域、化工冶金领域、机床领域、家用电器与电子设备等诸多工业领域显示出良好的应用前景，再制造将有望成为制造业的新的增长点。目前我国还没有为大量工业机电产品、汽车、电子电器产品报废做好准备，报废产品没有得到很好的再生利用，为此，发展再制造业势在必行。纵观全球再制造产业发展历程，再制造从诞生至今虽仅有几十年的历史，但由于其充分吸纳高技术使其发展迅速，现已成为独具特色的新兴产业。国内外再制造工程及相关产业的飞速发展表明，再制造已成为全世界通行的绿色制造手段之一，它可以显著节约资源、节省能源、增加就业、保护环境、拉动国民经济发展。当前再制造已扩展到机动车辆、工程机械、机床、矿山机械、办公设备等，贯穿于这些再制造产品与领域中的产业政策与管理措施需要不断地创新。2013 年，国务院印发的《循环经济发展战略及近期行动计划》要求建设循环型产业体系，推动资源再生利用产业化。按照树立资源再生战略的要求，围绕钢、铜、铝、铅等重点原材料，抓好资源再生循环利用，分门别类建立资源循环利用体系。

再制造是指以废旧产品作为生产毛坯，通过专业化修复或升级改造的方法来使其质量特性不低于原型新品水平的制造过程。再制造产品在产品功能、技术性能、绿色性、经济性等质量特性方面均不低于原型新品，但其成本仅是新品的 50%左右，可实现节能 60%、节材 70%、大气污染物排放量降低 80%以上，经济效益、社会效益和生态效益显著。再制造是循环经济“再利用”的高级形式，是绿色制造的重要环节，是绿色制造全生命周期管理的发展和延伸，是实现资源高效循环利用的重要途径。再制造产业符合“科技含量高、经济效益好、资源消耗低、环境污染少”的新型工业化特点，发展再制造产业有利于形成新的经济增长点，将成为“中国制造”升级转型的重要突破。作为循环经济“再利用”的高级形式，再制造产业的发展打通了“资源—产品—报废—再制造产品”的循环型产业链条，构筑了节能、环保、可持续的工业绿色发展模式，为工业绿色化发展奠定了基础。

近年来，国家高度重视再制造技术创新和产业发展，再制造产业政策环境不断优化，再制造政策法规经历了一个从无到有、不断完善的过程。2008 年 8 月第十一届全国人民代表大会常务委员会第四次会议通过《中华人民共和国循环经济促进法》，该法旨在促进循环经济发展，提高资源利用效率，保护和改善环境，实现可持续发展，指出企事业单位应当建立健全管理制度，采取措施，降低资源消耗，减少废物的产生量和排放量，提高废物的再利用和资源化水平。2008 年，国家发改委启动了汽车零部件再制造试点工作。2010 年，国家发改委等 11 部门联合印发了《关于推进再制造产业发展的意见》，明确了我国未来一段时期再制造产业发展的指导思想、重点领域和主要任务。2011 年，全国人大审议通过的“十二五”规划纲要明确把“再制造产业化”作为循环经济的重点工程之一。2015 年 5 月，国务院印发《关于加快推进生态文明建设的意见》，提出全面促进资源节约循环高效使用，推动利用方式根本转变，加大自然生态系统和环境保护力度，切实改善生态环境质量，健全生态文明制度体系。2015 年 5 月国务院正式印发《中国制造 2025》，提出“大力发展再制造产业，实施高端再制造、智能再制造、在役再制造，推进产品认定，促进再制造产业持续健康发展”。2017 年 5 月国家发改委等 14 个部委联合下发《循环发展引领行动》，明确支持再制造产业化规范化规模化发展，提升产业的技术水平与规模。2017 年 11 月，工业和信息化部印发《高端智能再制造行动计划(2018－2020 年)》，聚焦盾构机、航空发动机与燃气轮机、医疗影像设备、重型机床及油气田装备等高端智能装备，实施高端智能再制造示范工程，旨在进一步提升机电产品再制造技术管理水平和产业发展质量，推动形成绿色发展方式，实现绿色增长，并预计到 2020 年，我国再制造产业规模将达到 2 000 亿元。2018 年 12 月，国务院办公厅印发《“无废城市”建设试点工作方案》，指出“无废城市”是以创新、协调、绿色、开放、共享的新发展理念为引领，通过推动形成绿色发展方式和生活方式，持续推进固体废物源头减量和资源化利用，最大限度减少填埋量，将固体废物环境影响降至最低的城市发展模式。与此同时，科技部多项重点专项设立再制造重点研发计划，支持再制造关键技术创新。

在政策支持与市场发展的双重推动下，我国再制造产业获得了快速发展。截至 2018 年 5 月，再制造试点企业达到 150 余家，建立了 9 个国家再制造产业集聚区和再制造产业示范基地。同时，发布了第七批《再制造产品目录》，涵盖工程机械、电动机、办公设备、石油机械、机床、矿山机械、内燃机、轨道车辆、汽车零部件等 10 大类 130 余种产品。特别是中国自主创新的无损检测技术和先进的表面工程技术在再制造生产中的应用，显著提高了旧件再制造率，并使零件的尺寸精度和质量标准不低于原型新品水平，而且在耐磨、耐蚀、抗疲劳等性能方面显著提升，这也成为中国再制造区别于传统再制造的重要特色之一，对于节约资源和提升整机性能具有很大的优势。

随着经济全球化的不断发展，企业在复杂的市场环境中面临着诸多的挑战。因此需要不断提升企业的综合竞争力，才能在激烈的竞争中生存下来。随着原材料价格的升高以及商品价格行情的下跌，企业发展遇到了更多的阻碍，尤其是经营风险的增加，让企业管理者不得不另寻出路。相较于传统的生产制造系统，再制造系统存在更多的不确定因素，例如：废旧产品回收率不确定，生产加工时间及产品品质不稳定，再制造品的价格及需求波动较大等。再制造过程中的不确定因素使得参与再制造的企业面临着较大的预期收益不确定性,甚至有可能会导致部分企业因此放弃再制造。但是再制造本身可以为企业带来较大利润,而且有利于降低碳排放,促进循环经济发展,提高资源利用效率。为此,再制造企业需要想办法管理其运作过程中所面临的风险。

风险对冲策略在金融学上指特意减低另一项投资的风险的投资,是管理利率风险、价格风险和商品风险非常有效的办法,风险对冲可以根据投资者的风险承受能力和偏好,通过对冲比率的调节将风险降低到预期水平。广义上讲,对冲策略包括金融对冲和运作对冲两种策略。金融对冲主要是指通过套期保值方式规避运营风险。套期保值主要指的是企业为了规避外币风险、商品价格风险以及信用风险等,指定一项或者是一项以上套期工具,利用套期工具的公允价值或者是现金流量变动,预期抵消被套期项目全部或部分公允价值或现金流量变动。通过金融对冲,可以进一步确定企业的未来收入,选择比较有发展前景的优质项目,可以降低价格风险,促进企业的可持续经营,可以不断增强再制造企业的债务融资能力以及核心竞争力。运作对冲是指企业通过经营策略的调整来管理和规避风险①。归纳起来,目前学界研究较多的大致有三类:一是跨国经营,海外经营或成立跨国企业能够降低企业风险,尤其是外汇敞口风险②;二是业务多元化,灵活采用业务多元化战略可有效降低风险③;三是并购,风险管理是企业实施并购的重要驱动因素,并购是风险对冲的重要手段④。需要特别指出的是,本研究模型中的运作对冲特指采购多元化,即通过从多个供应商处采购以降低再制造商供应端的风险。以往有关再制造生产决策的研究大多都只从降低某一风险因素着手,未考虑通过对冲策略降低再制造过程中所面临的风险,尤其忽视了财务/金融运作对生产运作的影响,不仅影响了再制造企业生产运作管理的整体效率,也不符合企业实际运作的情况。为此,本研究将对冲策略引入再制造生产决策优化中,通过金融对冲和运作对

---

① 郭飞. 外汇风险对冲和公司价值:基于中国跨国公司的实证研究[J]. 经济研究, 2012, 47(9): 18-31.

② Choi J J, Jiang C. Does multinationality matter? Implications of operational hedging for the exchange risk exposure[J]. Journal of Banking & Finance, 2009, 33(11): 1973-1982.

③ 姜付秀. 我国上市公司多元化经营的决定因素研究[J]. 管理世界, 2006(5): 128-135.

④ Garfinkel J A, Hankins K W. The role of risk management in mergers and merger waves[J]. Journal of Financial Economics, 2011, 101(3): 515-532.

冲两种方式整合生产运作过程中的物流和资金流，降低不确定因素对再制造的影响，以期实现再制造运作过程中的整体优化。

1.1.2　研究意义

再制造作为循环经济“再利用”的高级形式，打通了“资源一产品一报废一再制造产品”的循环型产业链条，构筑了节能、环保、可持续的工业绿色发展模式，是绿色制造全生命周期管理的发展和延伸，是实现资源高效循环利用的重要途径。然而，回收、再制造生产运作、销售等各个环节的不确定性因素会导致再制造企业面临一系列的运营风险。有效地管理生产运作过程中的风险成为很多再制造企业获得稳定收益的关键因素之一。为此，很多企业通过柔性采购、柔性生产、资源配置、库存等运作对冲方法应对运作过程中所面临的风险。同时，随着金融市场的迅速发展，越来越多的企业和学者开始利用金融工具以降低企业的生产运作过程中各个环节不确定性因素导致的一系列运营风险。然而，却很少有学者将对冲策略应用到有关再制造生产运作的决策中。为此，本研究将在再制造生产决策的研究基础上，将再制造商的风险偏好考虑在内，并通过引入运作对冲和金融对冲策略管理再制造过程中所面临的风险，以期为相关再制造企业提供可借鉴的管理建议。

(1) 理论意义

目前对再制造生产决策优化问题的研究，已经有一些文献考虑再制造过程中的不确定性所导致的风险问题，但是很少有文献考虑再制造商的风险偏好或者利用对冲策略应对再制造过程中的运营风险问题。一方面，本研究考虑了再制造商的风险偏好，以均值-方差效用模型为建模框架，综合考虑再制造商的收益和风险，使得研究问题更加贴近再制造企业实际运作的同时也增加了再制造生产决策优化的难度；另一方面，研究集成运作对冲和金融对冲的再制造生产决策优化问题，将生产运作和金融运作这两个原本分开研究的领域整合到一起，可以进一步丰富再制造生产决策优化理论，是一个在理论上具有挑战性同时又不乏可探索性的创新性研究。

(2) 实践意义

再制造企业的生产决策与再制造企业的风险偏好直接相关，本研究综合考虑再制造商的收益和风险，目的是要帮助企业的管理者在不同策略间选择与企业风险偏好相一致的运营策略。本研究在考虑再制造商风险偏好的基础上，将对冲策略引入再制造企业的生产决策优化问题中，并将再制造过程中生产运作和金融运作有机地整合到一起，研究问题不仅更加符合再制造企业的实际运作情况，而且有助于企业资源的整合及利用，对再制造企业的生产决策以及相关机构政策制定具有较强的指导意义，以期通过运作对冲和金融对冲降低再制造风险、提升再制造企业的收益，进而加速再制造产业的发展。

1.2 研究目的和研究内容

1.2.1 研究目的

本研究以再制造生产运作为主线，针对再制造过程中的不确定因素，考虑再制造商的风险偏好，结合运作对冲和金融对冲策略，研究集成运作对冲和金融对冲的再制造生产决策优化问题。具体的研究目标如下：

(1) 考虑再制造商的风险偏好，构建考虑再制造商风险规避的生产决策优化模型，分析风险规避性对再制造商生产决策所产生的影响。

(2) 分别将运作对冲和金融对冲策略引入再制造生产决策优化模型中，构建考虑运作对冲/金融对冲策略的再制造生产决策优化模型，探讨对冲策略在再制造风险管理方面的应用。

(3) 构建集成运作对冲和金融对冲策略的再制造生产决策优化模型，分析运作对冲策略和金融对冲策略之间的关系以及两种对冲策略的适用情境。

1.2.2 研究内容

本研究将运作对冲和金融对冲两种风险对冲策略引入再制造生产决策优化模型中，以期降低再制造商的运作风险，提高再制造商的效用，具体的研究内容如下：

(1) 考虑再制造商的风险规避性，以均值-方差效用模型为建模框架，研究考虑再制造商风险规避的再制造生产决策优化问题，并进一步探讨风险规避性对再制造商生产决策、期望利润及效用的影响。

(2) 引入运作对冲策略，分别研究考虑多源采购柔性的再制造生产决策优化问题和考虑后备采购柔性的再制造生产决策优化问题。在考虑多源采购柔性的再制造生产决策优化问题中,假设再制造商可以从多个回收原材料供应商和全新的原材料供应商处采购进行再制造和制造生产活动以满足顾客需求,以均值-方差效用模型为建模框架,构建了考虑多源采购柔性策略的再制造生产决策优化模型和算法。在考虑后备采购柔性的再制造生产决策优化问题中,再制造商把回收原材料供应商作为主供应商,新品原材料供应商作为后备供应商,再制造商首先向回收原材料供应商订货,在确定回收原材料的实际产出量后再决定新品原材料的订购量,以均值-方差效用模型为建模框架,构建了考虑后备采购柔性策略的再制造生产决策优化模型和算法。

(3) 引入金融对冲策略,研究考虑金融对冲策略的再制造生产决策优化问题。在顾客需求量与金融衍生品的价格相关的假设下,将金融对冲策略引入再制造生产决策模型中,以管理再制造运作过程中所面临的运作风险。假设再制造商在用回收原材料进行再制造生产活动的同时,可以在金融市场上购买相应的金融衍生品以降低再制造商的需求风险,首先构建考虑投资一种金融衍生品的再制造生产决策优化模型,然后推广到考虑投资多种金融衍生品的再制造生产决策优化模型,并设计相应的优化算法。

(4) 探索运作对冲策略和金融对冲策略对再制造生产决策的影响以及两种风险对冲策略之间的关系。假设再制造商可以通过多源采购和后备采购等运作对冲的方式降低产出的不确定性,也可以通过投资由各种金融工具组成的投资组合来对冲需求风险,构建集成运作对冲和金融对冲策略的再制造生产决策优化模型和算法,并进一步分析运作对冲和金融对冲之间的关系及其适用性。

1.3　研究思路与框架

本研究拟结合对冲理论和再制造生产决策理论及相关研究的最新成果,针对再制造生产过程中的不确定因素,分析再制造过程中的不确定因素所导致的生产运作风险问题,探索如何利用运作对冲和金融对冲策略降低再制造生产运作过程中的风险,并基于两种对冲策略建立了集成运作对冲和金融对冲的再制造生产决策优化模型和优化算法,具体的研究技术路线如图 1 - 1 所示。

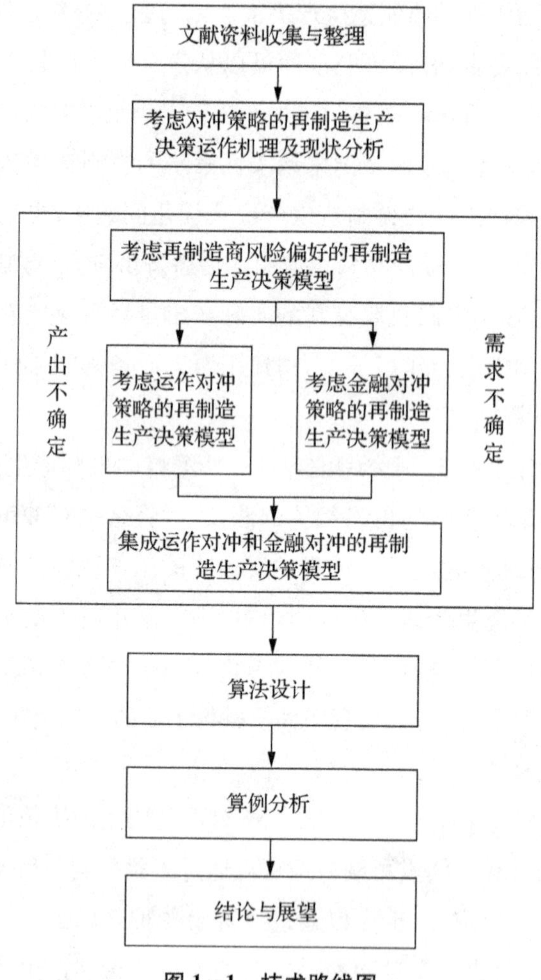

图1-1　技术路线图

本研究接下来的章节安排如下：

第二章回顾了国内外相关的研究文献，分别从再制造生产决策、再制造生产风险控制、考虑运作对冲策略、考虑金融对冲策略、综合考虑运作对冲和金融对冲策略五个方面进行研究现状述评，以期借鉴国内外现有研究成果，并在此基础上开展本研究。

第三章考虑再制造商的风险规避性，以均值-方差效用模型为建模框架，研究考虑再制造商风险规避的再制造生产决策优化问题，并进一步探讨风险规避性对再制造商生产决策、期望利润及效用的影响。

第四章将运作对冲策略引入再制造生产决策中，分别研究考虑多源采购柔性的再制造生产决策优化问题和考虑后备采购柔性的再制造生产决策优化问题。在考虑多源采购柔性的再制造生产决策优化问题中，假设再制造商可以从多个回收原材料供应商和全新的原材料供应商处采购进行再制造和制造生产活动以满足顾客需求，以均值-方差效用模型为建模框架，构建了考虑多源采购柔性策略的再制造生产决策优化模型和算法。在考虑后备采购柔性的再制造生产决策优化问题中，再制造商把回收原材料供应商作为主供应商，把新品原材料供应商作为后备供应商，再制造商首先向回收原材料供应商订货，在确定回收原材料的实际产出量后再决定新品原材料的订购量，以均值-方差效用模型为建模框架，构建了考虑后备采购柔性策略的再制造生产决策优化模型和算法。

第五章将金融对冲策略引入再制造生产决策中，研究考虑金融对冲策略的再制造生产决策优化问题。在顾客需求量与金融衍生品的价格相关的假设下，将金融对冲策略引入再制造生产决策模型中，以管理再制造运作过程中所面临的运作风险。假设再制造商在用回收原材料进行再制造生产活动的同时，可以在金融市场上购买相应的金融衍生品以降低再制造商的需求风险，首先构建考虑投资一种金融衍生品的再制造生产决策优化模型，然后推广到考虑投资多种金融衍生品的再制造生产决策优化模型，并设计相应的优化算法。

第六章研究集成运作对冲和金融对冲策略的再制造生产决策优化问题，探索运作对冲策略和金融对冲策略对再制造生产决策的影响以及两种风险对冲策略之间的关系。假设再制造商可以通过多源采购和后备采购等运作对冲的方式降低产出的不确定性，也可以通过投资由各种金融工具组成的投资组合来对冲需求风险，构建集成运作对冲和金融对冲策略的再制造生产决策优化模型和算法，并进一步分析运作对冲和金融对冲之间的关系及其适用性。

1.4　主要创新点

本研究以再制造过程为主线，研究集成运作对冲策略和金融对冲策略的再制造生产决策优化问题，具有明显的特色。其创新之处体现在：

(1) 考虑再制造商的风险规避性。以往有关再制造的研究大多都考虑到了再制造风险，却忽略了再制造商的风险规避性，但再制造企业的风险规避性与再制造企业的生产决策直接相关。因此,本研究在有关再制造的研究基础上考虑再制造商的风险规避性,在优化再制造商风险决策时兼顾再制造商的收益和风险,将更加符合再制造企业的实际运作。

(2) 将运作对冲策略和金融对冲策略引入再制造生产决策模型中。再制造业作为高风险的行业之一,将其运营风险控制在合理的范围之内是再制造企业获利的关键所在。运作对冲策略和金融对冲策略作为风险控制的有效手段已被应用到各行各业,然而还鲜有研究将两种对冲策略与再制造生产决策相结合。本研究将运作对冲策略和金融对冲策略同时引入再制造生产决策模型中,不仅更加符合再制造企业的实际运作,而且有助于提高再制造企业整体的生产运作效率。

(3) 论证了运作对冲策略和金融对冲策略之间的关系及其适用情境。运作对冲和金融对冲作为两种有效的风险控制策略既相互区别又相互联系,再制造企业需要根据其自身所面临的生产运作情境选择并制定合理的风险对冲策略。本研究的研究结论可为不同情境下的再制造商提供合理的管理指导意见,具有很好的现实实用性。

第二章　文献综述

相较于传统制造企业，再制造企业面临更多的不确定性，其中关于不确定环境下的再制造生产决策优化的研究已有一些成果，而关于考虑对冲策略的再制造生产决策优化问题的研究还很少见到。因此，本部分从再制造生产决策、再制造生产风险控制、考虑运作对冲策略、考虑金融对冲策略、综合考虑运作对冲和金融对冲策略五个方面进行研究现状述评，以合理借鉴国内外现有研究成果，并在此基础上开展本研究。

2.1　再制造生产决策的相关研究

自20世纪以来，全球各地工业化程度不断提高，丰富了人类社会日益增长的需求的同时，也极大地消耗了地球资源，甚至消耗超出了大自然的恢复能力。为了缓解有限资源和过度消耗之间的矛盾，最大限度地利用废旧产品的剩余价值，20世纪90年代，美国从产业角度建立了3R体系（Reuse，Recycle，Remanufacture）；日本从环境保护的角度也建立了3R体系（Reduce，Reuse，Recycle）。近年来，我国也开始高度重视再制造技术创新和产业发展，再制造产业政策环境不断优化。然而，相较于传统的生产制造系统，再制造系统存在更多的不确定因素，例如：废旧产品回收率不确定，生产加工时间及产品品质不稳定，再制造品的价格及需求波动较大等因素。为此，大量学者开始进行有关再制造的研究。

Fleischmann, Bloemhof-Ruwaard, Dekker, et al.[①], Akçalı, Çetinkaya[②], Souza[③],Matsumoto, Yang, Martinsen, et al.[④],和 Kumar, Ramachandran[⑤] 等对闭环供应链及再制造的相关问题和模型进行了综述。其中,Fleischmann, Bloemhof-Ruwaard, Dekker, et al.[⑥]将闭环供应链的相关研究分为逆向物流、库存控制和生产计划三大类,并分别从宏观角度和微观角度界定了相关的概念及研究框架。Akçalı, Çetinkaya[⑦] 对闭环供应链中的库存和生产计划数量模型进行了综述,并根据需求和回收的状态将模型分为确定性的库存和生产计划问题模型、随机性的库存和生产计划问题模型,并据此给出了未来可能的研究方向。Souza[⑧] 从战略层面、策略层面和运作层面对闭环供应链的相关研究进行了综述,其中战略层面包括回收法规、回收策略、网络设计及产品设计等,策略层面包括回收品采购、再制造及处置决策等,运作层面包括拆卸计划、再制造生产批量、生产调度及路径等,并从上述三个角度给出了目前的研究缺口及未来研究方向。Matsumoto, Yang,

---

① Fleischmann M, Bloemhof-Ruwaard J M, Dekker R, et al. Quantitative models for reverse logistics: A review[J]. European Journal of Operational Research, 1997, 103(1): 1－17.

② Akçalı E, Çetinkaya S. Quantitative models for inventory and production planning in closed-loop supply chains[J]. International Journal of Production Research, 2011, 49(8): 2373－2407.

③ Souza G C. Closed-loop supply chains: A critical review, and future research[J]. Decision Sciences, 2013, 44(1): 7－38.

④ Matsumoto M, Yang S S, Martinsen K, et al. Trends and research challenges in remanufacturing[J]. International Journal of Precision Engineering and Manufacturing-Green Technology, 2016, 3(1): 129－142.

⑤ Kumar R, Ramachandran P. Revenue management in remanufacturing: perspectives, review of current literature and research directions [J]. International Journal of Production Research, 2016, 54(7): 2185－2201.

⑥ Fleischmann M, Bloemhof-Ruwaard J M, Dekker R, et al. Quantitative models for reverse logistics: A review[J]. European Journal of Operational Research, 1997, 103(1): 1－17.

⑦ Akçalı E, Çetinkaya S. Quantitative models for inventory and production planning in closed-loop supply chains[J]. International Journal of Production Research, 2011, 49(8): 2373－2407.

⑧ Souza G C. Closed-loop supply chains: A critical review, and future research[J]. Decision Sciences, 2013, 44(1): 7－38.

Martinsen, et al.[①]概述了再制造的发展趋势、驱动因素和障碍,并对有关再制造的产品设计、再制造的加法制造、再制造中的运营管理以及再制造的业务模型进行了综述。Kumar, Ramachandran[②] 通过文献综述提出企业在将再制造纳入运营和收入管理战略时需要考虑的关键因素,并概述了未来的研究方向。

近些年,随着人们对循环经济、绿色制造、碳排放等环保议题的关注,大量学者也从生产计划、生产批量、库存计划及产品定价等角度对再制造展开了大量的研究。其中,很多学者对混合制造和再制造生产系统进行了优化研究。Shi, Zhang, Sha[③] 研究了需求和收益不确定的多产品闭环系统的生产计划问题,该系统中制造商有两种供货渠道:生产新产品和对回收品进行再制造,以期望利润最大化为目标,构建数学模型决策新产品的生产数量、再制造产品的生产数量和旧产品的收购价格,并提出了一种基于拉格朗日松弛的求解方法,最后通过数值算例对模型进行了说明,并对求解算法进行了验证。Kenné, Dejax, Gharbi[④] 研究了具有随机故障和维修机器的闭环逆向物流网络中,涉及制造和再制造联合作业的单个产品的生产计划和控制问题,提出一项制造/再制造策略,以尽量减少制造和再制造产品的库存和积压成本之和,并基于随机动态规划的最优控制理论建立了最优规划模型。Bulmuş, Zhu, Teunter[⑤] 根据某汽车公司的实际情况,分析了一个两期模型,其中两期都有制造,第二期可以选择在第一期结束时对回收的产品进行再制造,构建了

---

① Matsumoto M, Yang S S, Martinsen K, et al. Trends and research challenges in remanufacturing[J]. International Journal of Precision Engineering and Manufacturing-Green Technology, 2016, 3(1): 129 - 142.

② Kumar R, Ramachandran P. Revenue management in remanufacturing: perspectives, review of current literature and research directions [J]. International Journal of Production Research, 2016, 54(7): 2185 - 2201.

③ Shi J M, Zhang G Q, Sha J C. Optimal production planning for a multi-product closed loop system with uncertain demand and return[J]. Computers & Operations Research, 2011, 38(3): 641 - 650.

④ Kenné J P, Dejax P, Gharbi A. Production planning of a hybrid manufacturing-remanufacturing system under uncertainty within a closed-loop supply chain[J]. International Journal of Production Economics, 2012, 135(1): 81 - 93.

⑤ Bulmuş S C, Zhu S X, Teunter R. Capacity and production decisions under a remanufacturing strategy[J]. International Journal of Production Economics, 2013, 145(1): 359 - 370.

再制造产能和生产决策优化模型，并且考虑了再制造比制造成本更高或产能更密集的情况，研究结果发现如果再制造的成本高于制造，那么它很少有利可图，因此企业应该把注意力集中在再制造成本比较低的情况上。Jing，Li，Wang，et al.[①]研究了多工厂合作环境下的生产计划、再制造和订货问题，有多个工厂在合作生产新产品、再制造品，或两者兼而有之，然后所有产品都被运送到不同的需求地点，针对这一规划问题，提出了三种不同的规划模型，并设计了基于种群划分的自适应遗传算法。Polotski，Kenne，Gharbi[②③④]综合考虑制造和再制造模式的生产成本、回收品和产成品的库存成本、积压和设置成本，构建了再制造生产和配置计划优化模型，并推导出了相应的解析解。Sahling[⑤]研究了企业制造/再制造生产计划与供应商选择整合优化问题，以生产准备成本、库存成本、原料成本、产品积压成本、再制造品替代新品成本、旧品废弃成本、供应商选择成本之和最小化为目标，建立了求解该问题的规划模型，设计了求解该问题的列生成方法和固定-松弛启发式算法，并通过算例分析验证了模型和方法的有效性。Benkherouf，Skouri，Konstantaras[⑥]以成本最小化为目标，构建了具有生产、再制造和翻新活动的库存

---

① Jing Y，Li W C，Wang X，et al. Production planning with remanufacturing and back-ordering in a cooperative multi-factory environment[J]. International Journal of Computer Integrated Manufacturing，2016，29(6)：692－708.

② Polotski V，Kenne J P，Gharbi A. Production and setup policy optimization for hybrid manufacturing-remanufacturing systems[J]. International Journal of Production Economics，2017，183(1)：322－333.

③ Polotski V，Kenne J P，Gharbi A. Set-up and production planning in hybrid manufacturing-remanufacturing systems with large returns[J]. International Journal of Production Research，2017，55(13)：3766－3787.

④ Polotski V，Kenne J P，Gharbi A. Production and setup policy optimization for hybrid manufacturing-remanufacturing systems[J]. IFAC-PapersOnLine，2015，48(3)：2021－2026.

⑤ Sahling F. Integration of vendor selection into production and remanufacturing planning subject to emission constraints[J]. International Journal of Production Research，2016，54(13)：3822－3836.

⑥ Benkherouf L，Skouri K，Konstantaras I. Optimal control of production，remanufacturing and refurbishing activities in a finite planning horizon inventory system[J]. Journal of Optimization Theory and Applications，2016，168(2)：677－698.

系统优化模型。Fang, Liu, Pardalos, et al. [①]研究了一个混合系统的生产计划问题,该系统集成了制造和制造过程共享的资源容量计划,假设新产品和再制造产品的需求都是随机的,根据历史数据采用基于情境的方法表示随机需求,将随机总生产计划问题转化为混合整数线性规划模型,并设计了相应的启发式算法。Gaur, Amini, Rao[②] 研究了包含新产品和再制造品的闭环供应链配置问题,构建了集成制造和再制造的优化模型,对一个实际电池制造商进行了案例研究,并在案例研究的基础上,进行了一系列全面的计算实验分析,研究结果表明集成的优化模型明显优于分散的优化模型。Gayon, Vercraene, Flapper[③] 研究了具有回收产品和两种处理方案的生产一库存系统的最优控制策略,回收产品可以在到达时进行处理,也可以放置在一个可使用的库存中,可以选择任何时候进行处理。在一个 M/M/1 制造到库存的队列设置中,建立了一个具有三个策略参数阈值的最优控制策略。Fang, Lai, Huang[④] 针对一个混合再制造系统,综合考虑相关成本、回收的不确定性、需求替代、容量限制、部件耐久性及新产品与再制造产品之间的竞争,以再制造商利润最大化为目标构建了生产计划优化模型,采用黑森矩阵和多元优化方法对数学模型进行了优化求解,并对相关参数进行了灵敏度分析。

部分学者运用系统动力学的方法优化再制造生产决策问题。Hosoda, Disney[⑤] 运用系统动力学的方法描述了自相关和交叉相关的需求和回收过程,以最小化再制造商库存成本为目标,研究了具有任意提前期和随机产出率的动态闭

---

① Fang C, Liu X B, Pardalos P M, et al. A stochastic production planning problem in hybrid manufacturing and remanufacturing systems with resource capacity planning[J]. Journal of Global Optimization, 2017, 68(4): 851 - 878.

② Gaur J, Amini M, Rao A K. Closed-loop supply chain configuration for new and reconditioned products: An integrated optimization model[J]. Omega, 2017, 66(1): 212 - 223.

③ Gayon J P, Vercraene S, Flapper S D P. Optimal control of a production-inventory system with product returns and two disposal options [J]. European Journal of Operational Research, 2017, 262(2): 499 - 508.

④ Fang C C, Lai M H, Huang Y S. Production planning of new and remanufacturing products in hybrid production systems[J]. Computers & Industrial Engineering, 2017, 108(6): 88 - 99.

⑤ Hosoda T, Disney S M. A unified theory of the dynamics of closed-loop supply chains[J]. European Journal of Operational Research, 2018, 269(1): 313 - 326.

环供应链优化问题，并给出了相应的优化策略。相较于传统制造企业，再制造企业可以选择再制造品或新品满足顾客的需求。为此，再制造企业需要同时考虑顾客需求、再制造成本及制造成本，以最大化他们从新品和再制造品中获得的利润①。Aras，Verter，Boyaci② 和 Vercraene，Gayon，Flapper③ 研究了制造和再制造的协调问题，邓爱民，蒋福展④研究了回收产品再制造过程中企业的生产计划和市场需求相协调问题，利用系统动力学仿真工具对问题进行建模，给出了问题的因果回路图和存量流量图，然后模拟了系统的运行过程，最后分析了在不同需求条件下再制造能力的变化对企业绩效的影响。

也有很多学者从供应链的视角研究再制造生产决策问题，Long，Shu，Chen，et al. ⑤研究了由一个制造商和一个再制造商组成的双周期闭环供应链中的生产策略问题，通过比较分散模型和集中模型下供应链成员的成本、利润和均衡量，分析了各成本和回收率对制造商和再制造商的生产和利润的影响，并比较了分散模型和集中模型下成员的总利润，研究表明集中模型是提高供应链整体效率的有效途径。Maiti，Giri⑥ 研究了由一个制造商和一个零售商组成的两级闭环供应链中的双向产品回收问题，产品的市场需求与销售价格和产品质量成线性关系，构建了四种不同决策结构下的模型：分散式的纳什博弈、制造商和零售商主导的斯坦伯格博弈和集中式的合作博弈，然后对这些策略进行比较，以确定最佳策略。Zeballos，

---

① Mutha A，Bansal S，Guide V D R. Managing demand uncertainty through core acquisition in remanufacturing[J]. Production and Operations Management，2016，25(8)：1449－1464.

② Aras N，Verter V，Boyaci T. Coordination and priority decisions in hybrid manufacturing/remanufacturing systems[J]. Production and Operations Management，2006，15(4)：528－543.

③ Vercraene S，Gayon J P，Flapper S D. Coordination of manufacturing，remanufacturing and returns acceptance in hybrid manufacturing/remanufacturing systems [J]. International Journal of Production Economics，2014，148(2)：62－70.

④ 邓爱民，蒋福展. 回收再制造企业生产计划与需求协调研究[J]. 华东经济管理，2014，28(3)：126－130＋163.

⑤ Long X F，Shu T，Chen S，et al. Strategy analysis of recycling and remanufacturing by remanufacturers in closed-loop supply chain[J]. Sustainability，2017，9(10)：1818.

⑥ Maiti T，Giri B C. Two-way product recovery in a closed-loop supply chain with variable markup under price and quality dependent demand[J]. International Journal of Production Economics，2017，183(1)：259－272.

Méndez，Barbosa-Povoa[①] 针对闭环供应链的设计与规划问题，提出了一种综合的风险规避多阶段模型，该模型考虑了规划阶段供应链结构的调整以及供应和客户需求的不确定性，将预期利润的最大化与风险管理的基本思想相结合，以效用最大化为目标，权衡了利润以及与之相关的风险。赵忠，谢家平[②]研究了具有分销中心和回收中心的分布式多工厂闭环供应链的生产计划问题，以整体总成本最小化为目标，构建制造/再制造生产计划的混合整数规划模型，并通过分支定界法进行求解。伍颖，熊中楷[③]针对制造商应如何参与再制造竞争的问题，构建基于古诺竞争和消费者异质需求的两周期生产决策模型，分析了制造商的再制造策略对在位再制造商的影响。

随着对再制造生产研究的不断深入，越来越多的学者开始将生产计划与产品定价、生产批量、库存、渠道选择等问题相结合。

Zhou，Yu[④] 将再制造系统中的采购、定价和库存管理问题结合到一起，设计了价格依赖的单产品库存系统，以最大化总贴现利润为目标，构建了集成制造、再制造、产品收购和定价策略的优化模型。Corominas，Lusa，Olivella[⑤] 构建了考虑非线性供给函数的制造和再制造总体规划模型，假设在产品寿命结束时可以预测回收产品的数量，回收产品的比例是产品价格的非线性函数，并利用分段函数对模型进行了线性化，最后通过实例论证了模型即算法的有效性。Pan，Tao，Lee，et

---

① Zeballos L J，Méndez C A，Barbosa-Povoa A P. Design and planning of closed-loop supply chains：A risk-averse multistage stochastic approach[J]. Industrial & Engineering Chemistry Research，2016，55(21)：6236 - 6249.

② 赵忠，谢家平. 分布式多工厂制造/再制造生产计划的优先模型[J]. 统计与决策，2009(7)：161 - 163.

③ 伍颖，熊中楷. 制造商与在位再制造商的再制造生产决策研究[J]. 系统工程学报，2015，30(4)：554 - 565.

④ Zhou S X，Yu Y K. TECHNICAL NOTE—optimal product acquisition，pricing，and inventory management for systems with remanufacturing[J]. Operations Research，2011，59(2)：514 - 521.

⑤ Corominas A，Lusa A，Olivella J. A manufacturing and remanufacturing aggregate planning model considering a non-linear supply function of recovered products [J]. Production Planning & Control，2012，23(2/3)：194 - 204.

al.[①]研究了一个具有两种产品类型和两种回收渠道的回收系统，针对双产品回收系统中的周期性库存问题，提出了一种近似的动态规划方法来获得生产和回收决策，首先求解一个单周期问题，并用多级阈值策略描述最优解；对于多周期问题，基于微扰分析的梯度估计方法，采用后向归纳法求出各周期的阈值，并在不同的场景下进行了数值实验，结果表明阈值策略优于其他两种启发式策略。Gao，Wang，Xu，et al.[②]研究了具有再制造库存系统的最优定价和制造控制问题，客户需求和产品回收遵循独立的泊松过程，制造和再制造的提前期都呈指数分布，以无限的规划范围内最大化预期的总贴现利润为优化目标，利用最优性方程刻画了最优策略的结构特性。Hong，Zhang，Zhong[③]利用博弈论方法，研究了两级混合制造－再制造闭环系统的定价、二手产品回收和零售商广告决策问题，通过共同考虑渠道成员的定价、零售商的广告投资和二手产品的收集决策，使各供应链成员的利润最大化。Yazdian，Shahanaghi，Makui[④]研究集成再制造，定价和保修决策的优化问题，提出了一种新的数学统计模型，将回收再利用产品的定价、再制造程度、销售价格和最终再制造产品的保修期是决定回收再利用产品价格的重要因素。采用虚拟年龄可靠性改进方法，对回收零部件质量升级的过程进行建模，并设计了相应的粒子群求解算法。Yan，Chao，Lu，et al.[⑤]研究了在有限规划范围内同时销售新产品和再制造产品的企业的定价问题，假设客户对新产品和再制造产品的需求随机且对价格敏感，设计了期望总折现利润最大化的最优定价和制造策略。Huynh，

① Pan J，Tao Y，Lee L H，et al. Production planning and inventory control of a two－product recovery system[J]. IIE Transactions，2015，47(12)：1342-1362.

② Gao C Y，Wang Y，Xu L，et al. Dynamic pricing and production control of an inventory system with remanufacturing[J]. Mathematical Problems in Engineering，2015(12)：1-8.

③ Hong X P，Zhang H G，Zhong Q，et al. Optimal decisions of a hybrid manufacturing-remanufacturing system within a closed-loop supply chain[J]. European Journal of Industrial Engineering，2016，10(1)：21-50.

④ Yazdian S A，Shahanaghi K，Makui A. Joint optimisation of price，warranty and recovery planning in remanufacturing of used products under linear and non-linear demand，return and cost functions[J]. International Journal of Systems Science，2016，47(5)：1155-1175.

⑤ Yan X M，Chao X L，Lu Y，et al. Optimal policies for selling new and remanufactured products[J]. Production and Operations Management，2017，26(9)：1746-1759.

So，Gurnani[①]以一个具体的企业为例，建立了一个具有随机回收的闭环供应系统的库存补充和容量规划问题的模型。Kwak，Kim[②]通过对新产品和再制造产品进行综合定价和生产计划，以绿色利润最大化为目标，构建了考虑回购定价、销售定价和生产计划的数学模型，提出了一种混合整数规划模型，该模型假设回购程序作为一种回收策略，同时优化回购价格、销售价格和详细的生产计划，用转换矩阵反映产品设计的定价和生产计划。原始设备制造商可以根据作者所提出的模型构建一个混合新品和再制造品的最优生产线，从而在实现总利润最大化的同时，降低对环境的影响。郑江波，杨柳，程福阳[③]假设产品回收价格影响回收率，构建了存在有限生命周期限制下的产品销售曲线和回收曲线，分析了再制造活动的系统最优成本以及相应的最佳回收价格和回收率。Dev，Shankar，Choudhary[④]利用离散事件仿真方法，构建了闭环系统下连续多周期的五种库存和生产计划模型，考虑了不同的需求和回报率以及制造和再制造的提前期，揭示了随机需求、随机提前期和生产周期之间的权衡关系。Li，Wu，Jin，et al.[⑤]采用两阶段模型研究了原始设备制造商或第三方再制造商进行再制造的两种情况下，新产品和再制造产品的最优价格和产量，模型既考虑了产品生命周期通过第二阶段市场增长因子的影响，也考虑了消费者对新产品和再制造产品感知价值的影响，理论分析和数值分析都表明，生命周期阶段和消费者感知对原始设备制造商是否允许第三方再制造商进入再制造业务的决策都有影响。研究结果亦显示，市场可能无法有效地使环境可持续性

---

① Huynh C H，So K C，Gurnani H. Managing a closed-loop supply system with random returns and a cyclic delivery schedule[J]. European Journal of Operational Research，2016，255(3)：787-796.

② Kwak M，Kim H. Green profit maximization through integrated pricing and production planning for a line of new and remanufactured products[J]. Journal of Cleaner Production，2017，142(1)：3454-3470.

③ 郑江波，杨柳，程福阳. 基于有限生命周期的产品再制造回收决策研究[J]. 科研管理，2017，38(8)：143-152.

④ Dev N K，Shankar R，Choudhary A. Strategic design for inventory and production planning in closed-loop hybrid systems[J]. International Journal of Production Economics，2017，183(1)：345-353.

⑤ Li W，Wu H，Jin M Z，et al. Two—stage remanufacturing decision makings considering product life cycle and consumer perception[J]. Journal of Cleaner Production，2017，161(9)：581-590.

及社会公平最大化。政府可能需要干预市场,以促进第三方再制造商参与再制造,特别是当产品处于其生命周期的成熟或下降阶段。邢光军，罗坤晔[①]以制造商自身利润的最大化为目标,建立了最优定价、生产计划模型,研究了制造商在考虑新产品对再制造产品具有替代情形下的最优定价和生产数量。阳成虎，何丽金，陈杜添等[②]通过建模分析了回收和再制造渠道选择对制造/再制造决策的影响,并给出了不同再制造渠道结构下的最优生产和定价决策。

Zanoni, Segerstedt, Tang, et al. [③]研究了具有制造和再制造的多产品经济批量调度问题,假设制造和再制造操作在同一条生产线上进行,制造产品和再制造产品具有相同的质量,二者共同满足顾客需求,构建了相应的数学模型和求解算法。Naeem, Dias, Tibrewal, et al. [④]研究了具有制造和再制造的动态批量问题,综合考虑生产成本、退货成本和成品的持有成本以及积压成本,以总成本最小化为目标,分别构建了确定性模型和随机性模型优化每个周期的制造或再制造的数量,并通过数值计算论证了模型的可行性。景熠，王旭，李文川等[⑤]针对制造/再制造混合生产场景下的批量计划问题,建立了库存和生产能力受限的混合整数规划模型,设计了一种改进的合作协同进化遗传算法。Shah, Patel, Shah[⑥] 以利润最大化为目标,构建了价格敏感的、依赖库存的需求下的退货/返工经济生产批量模型,假设质量有缺陷的产品或者返工或者直接废弃掉,并通过数值算例对比分析了确

① 邢光军，罗坤晔. 考虑产品具替代性的再制造定价与生产决策[J]. 统计与决策，2017(13)：180-184.

② 阳成虎，何丽金，陈杜添，等. 基于回收和再制造渠道选择的制造/再制造生产决策[J]. 计算机集成制造系统，2018，24(4)：1046-1056.

③ Zanoni S, Segerstedt A, Tang O, et al. Multi-product economic lot scheduling problem with manufacturing and remanufacturing using a basic period policy[J]. Computers & Industrial Engineering, 2012, 62(4): 1025-1033.

④ Naeem M A, Dias D J, Tibrewal R, et al. Production planning optimization for manufacturing and remanufacturing system in stochastic environment [J]. Journal of Intelligent Manufacturing, 2013, 24(4): 717-728.

⑤ 景熠，王旭，李文川，等. 考虑产品需求可替代的再制造批量生产计划优化[J]. 中国机械工程，2012，23(18)：2176-2181.

⑥ Shah N H, Patel D G, Shah D B. EPQ model for returned/reworked inventories during imperfect production process under price-sensitive stock-dependent demand[J]. Operational Research, 2018, 18(2): 343-359.

定性模型和随机性模型的差异。Cunha，Konstantaras，Melo，et al. ①考虑了多产品的再制造经济生产批量问题，基于有效不等式设计了相应的求解算法，并通过算例分析验证了算法的有效性。Kilic，Tunc，Tarim② 研究了服务水平约束下再制造随机经济批量问题，考虑了需求周期和回收的随机性，提出了两种启发式策略，即利用简单的决策规则来控制制造和再制造操作，并给出了其数学模型。陈伟达，刘碧玉③研究需求和再制造率不确定下整个再制造系统的综合协调问题，利用两阶段利润函数的思想，以利润最大化为目标，构建了包括拆卸、再制造和重新装配三个子系统的优化模型，帮助再制造商制定各环节批量决策以实现整体最优。

此外，还有部分学者考虑了碳排放、资金约束、消费者行为等外部因素对再制造生产决策的影响。Yang，Liu，Ji，et al. ④研究了碳税政策下再制造企业生产和采购决策优化问题，构建了求解该问题的非线性数学规划模型，设计了相应的求解方法，并通过算例分析验证了模型和方法的有效性。Miao，Mao，Fu，et al. ⑤研究了碳税政策和碳限额与交易政策下再制造生产决策问题，研究结果表明，碳政策可以促进再制造品的销售，减少消费者对新品的需求，但是会减少生产商的利润，因此，作者建议政府设计适当的补贴政策，在减少碳排放量的同时，弥补碳政策给生产商带来的经济损失。Shu，Wu，Chen，et al. ⑥研究了碳限额与交易政策下再制

---

① Cunha J O，Konstantaras I，Melo R A，et al. On multi-item economic lot-sizing with remanufacturing and uncapacitated production[J]. Applied Mathematical Modelling，2017，50(10)：772－780.

② Kilic O A，Tunc H，Tarim S A. Heuristic policies for the stochastic economic lot sizing problem with remanufacturing under service level constraints[J]. European Journal of Operational Research，2018，267(3)：1102－1109.

③ 陈伟达，刘碧玉. 考虑质量成本的再制造系统批量计划综合优化[J]. 管理科学学报，2015，18(12)：36－46.

④ Yang C H，Liu H B，Ji P，et al. Optimal acquisition and remanufacturing policies for multi－product remanufacturing systems[J]. Journal of Cleaner Production，2016，135(11)：1571－1579.

⑤ Miao Z W，Mao H Q，Fu K，et al. Remanufacturing with trade-ins under carbon regulations[J]. Computers & Operations Research，2018，89(1)：253－268.

⑥ Shu T，Wu Q N，Chen S，et al. Manufacturers'/remanufacturers' inventory control strategies with cap-and-trade regulation[J]. Journal of Cleaner Production，2017，159(8)：11－25.

造库存生产决策问题，考虑了再制造生产、运输和库存过程中产生的二氧化碳，建立了一个扩展的EOQ数学模型，探讨了碳限额和碳价格、再制造率和运输模式的选择对生产决策的影响。Zouadi，Yalaoui，Reghioui① 则进一步考虑到制造/再制造生产过程中以及供应商配送过程中产生的碳排放，研究了碳限额环境下混合制造/再制造批量生产系统与逆向供应商选择集成决策优化问题，建立了求解该问题的混合整数线性规划模型，并且设计了相应的算法。陈玉玉，李帮义，柏庆国等②在碳交易环境背景下，利用非线性凸优化理论，首先分析不进行减排投资时再制造企业的最优生产决策，然后研究再制造企业对生产新产品或再制造品减排投资时的情形。朱慧贇，常香云，夏海洋等③研究了碳限额与交易约束下的企业制造/再制造生产决策问题，通过数学建模和数值仿真分析了碳限额与交易政策对企业制造/再制造生产、定价、碳排放量和总利润的影响。张焕勇，李宇航，韩云霞④建立了一个具有三种产品生产能力的寡头垄断制造商的生产决策模型，以最大利润为目标，得出制造商在不同碳排放节约和碳交易价格下的生产决策。Wang，Zhang⑤考虑了一个资金约束和差异化需求的再制造商回收策略，并考虑三种不同的回收策略对最优零售价、批发价、回收率及最优利润的影响。陈伟达，李雅光⑥研究考虑了资金时间价值的企业制造/再制造生产决策优化模型，通过两阶段随机过程分析得到了回收品最优采购量和最大利润。Zhang，Zhang⑦ 研究了顾客购买行为

---

① Zouadi T，Yalaoui A，Reghioui M. Hybrid manufacturing/remanufacturing lot-sizing and supplier selection with returns，under carbon emission constraint[J]. International Journal of Production Research，2018，56(3)：1233－1248.

② 陈玉玉，李帮义，柏庆国，等. 碳交易环境下再制造企业生产及减排投资决策[J]. 控制与决策，2020，35(3)：695－703.

③ 朱慧贇，常香云，夏海洋，等. 碳限额与交易约束下的企业制造/再制造生产决策[J]. 系统管理学报，2015，24(5)：737－747.

④ 张焕勇，李宇航，韩云霞. 碳限额与交易机制下企业再制造生产决策研究[J]. 软科学，2018，32(6)：87－91.

⑤ Wang Y Y，Zhang Y Y. Remanufacturer's production strategy with capital constraint and differentiated demand[J]. Journal of Intelligent Manufacturing，2017，28(4)：869－882.

⑥ 陈伟达，李雅光. 再制造生产率和市场需求不确定情况下考虑资金时间价值的制造/再制造生产决策优化[J]. 工业工程与管理，2017，22(1)：73－81.

⑦ Zhang F Q，Zhang R Y. Trade-in remanufacturing，customer purchasing behavior，and government policy[J]. Manufacturing & Service Operations Management，2018，20(4)：601－616.

和再制造效率如何影响以旧换新再制造模式的经济和环境价值，作者指出从生产商角度来看，以旧换新再制造模式有助于开发战略客户的前瞻性行为，这可能比广泛认可的再制造的创收和环境效益更为重要；从环境的角度来看，以旧换新再制造的价值取决于战略客户行为的强度。具有高度战略性的客户，这种经营方式减少了产品对环境的影响，同时可以通过早期采购的诱导作用，增加生产商的生产数量；此外，还综合研究了通过政府政策平衡、企业利润、客户盈余和环境影响的问题。于春海，于传洋，兰博[①]以再制造企业利润最大化为目标，构建了企业制造/再制造的两期最优非线性规划生产决策模型，探讨企业在碳交易机制与消费者偏好共同影响下的最优制造/再制造生产策略。高阳，林恺[②]构建一个考虑单一再制造商并以该再制造商利润最大化为目标的最优产量及定价模型，分别求出了各期的再制造品与新产品的最优产量及价格策略。研究表明，随着消费者偏好系数的增加，企业越来越趋向于生产再制造品，再制造品与新产品的价格逐渐接近，企业实施再制造不仅能减少生产成本，而且能大幅提升企业总利润。

通过回顾再制造生产相关的文献可以发现，随着学者们对再制造问题研究的不断深入，目前的研究已由最起初对再制造生产决策的研究，逐渐演化为将库存、定价、碳排放、资金约束、消费者偏好与再制造决策相结合的研究。然而，尽管业界和学术界都认为不确定性为再制造与传统制造最大的区别之一，很多企业也为此对再制造业务望而却步。但是大多数文献都假设再制造商为风险中性[③④]，只有少

---

① 于春海，于传洋，兰博. 考虑消费者偏好与碳交易的制造/再制造两期生产决策[J]. 工业工程与管理，2017，22(4)：49-54.

② 高阳，林恺. 考虑异质需求的再制造系统最优产量与定价研究[J]. 计算机应用研究，2015，32(5)：1349-1352.

③ Wei S G, Cheng D B, Sundin E, et al. Motives and barriers of the remanufacturing industry in China[J]. Journal of Cleaner Production, 2015, 94(5): 340-351.

④ Lage Junior M, Godinho Filho M. Production planning and control for remanufacturing: Exploring characteristics and difficulties with case studies[J]. Production Planning & Control, 2016, 27(3): 212-225.

数文献关注到了考虑再制造商的风险偏好问题，例如，Macedo，Alem，Santos，et al.①；Zeballos，Méndez，Barbosa-Povoa② 等。为此，接下来我们将对再制造生产风险控制的文献进行综述。

2.2 再制造生产风险控制的相关研究

再制造的风险主要来源于再制造过程中的不确定影响，也是当前再制造生产系统面临的主要困难，它直接导致了传统生产计划与调度工具的效用降低，因而，如何降低再制造生产过程中不确定因素的影响是该领域的研究重点之一。Guide③ 分析了再制造过程中的风险因素，认为从根本上源于 6 个方面：回收数量、回收时机、回收质量、产品复杂性、测试和评价的复杂性、再制造的复杂性。增大库存量是早期用于降低不确定性因素影响的主要方法，库存能在一定程度上为变动性提供缓冲，补偿不确定性的影响，但花费巨大，存货周转率低，故持有大量库存是有风险的。Diallo，Venkatadri，Khatab，et al.④通过综述了近年来有关闭环供应链的相关文献，指出回收产品的质量、可靠性、维护和保证以及延长其使用寿命的再制造活动是逆向物流中的关键问题。张红宇，高阳⑤介绍了近期国内外再制造生产计划与调度的研究进展，从不确定性因素及降低其对生产计划与调度影响的方法、生产计划建模和求解方法、生产调度策略和方法、生产计划与调度的集成框架和工具以及再制造生产实践案例等 5 个方面分别进行了综述。Mashhadi，

① Macedo P B，Alem D，Santos M，et al. Hybrid manufacturing and remanufacturing lot-sizing problem with stochastic demand，return，and setup costs[J]. The International Journal of Advanced Manufacturing Technology，2016，82(5/6/7/8)：1241－1257.

② Zeballos L J，Méndez C A，Barbosa-Povoa A P. Design and planning of closed-loop supply chains：A risk-averse multistage stochastic approach[J]. Industrial & Engineering Chemistry Research，2016，55(21)：6236－6249.

③ Guide V D R Jr. Production planning and control for remanufacturing：Industry practice and research needs[J]. Journal of Operations Management，2000，18(4)：467－483.

④ Diallo C，Venkatadri U，Khatab A，et al. State of the art review of quality，reliability and maintenance issues in closed-loop supply chains with remanufacturing[J]. International Journal of Production Research，2017，55(5)：1277－1296.

⑤ 张红宇，高阳. 再制造生产计划与调度的研究进展[J]. 科研管理，2011，32(5)：120－128.

Esmaeilian, Behdad[1] 通过分析几个影响再制造作业的成本效益的因素,包括市场需求、数量和回报质量的不确定性等,以利润最大化为目标,建立一个基于机会约束规划的随机优化模型。Liao, Shi, Liu, et al.[2]构建了多种不确定性条件下再制造过程中碳足迹的非概率模型,考虑了四种类型的不确定性,即回收品质量的不确定性、再制造成功率的不确定性、再制造时间的不确定性和热处理能力的不确定性,并分析了各种不确定性对再制造商利润及环境的影响。

一部分学者从控制不确定性的来源角度进行研究,Georgiadis, Vlachos, Tagaras[3] 从产品生命周期的角度控制再制造的不确定性,运用系统动力学模型探索了产品生命周期和回收模式对回收和再制造政策及产能计划的影响。Loomba, Nakashima[4] 指出可对回收品进行分类以降低回收品质量不确定带来的影响,以期望利润最大化为目标,运用马尔可夫决策过程方法,得到了最优订货策略,并通过算例分析证明了回收品分类的价值。Mutha, Bansal, Guide[5] 探讨了第三方再制造企业在顾客需求不确定情况下的核心零部件的回收策略,研究表明采用分类分批回收方式有助于提高第三方企业的利润。

Wei, Tang[6] 指出回收品的获取对再制造业务的成功具有重要意义,然而由于再制造系统中存在许多不确定性问题,回收的价值评估十分困难。因此,作者使用实物期权估值(ROV)方法对回收品的价值进行评估,构建了一个需求和回收都不

---

① Mashhadi A R, Esmaeilian B, Behdad S. Uncertainty management in remanufacturing decisions: A consideration of uncertainties in market demand, quantity, and quality of returns[J]. ASCE-ASME J Risk and Uncert in Engrg Sys Part B Mech Engrg, 2015, 1(2): 021007-1-021007-8.

② Liao H L, Shi Y X, Liu X H, et al. A non-probabilistic model of carbon footprints in remanufacture under multiple uncertainties[J]. Journal of Cleaner Production, 2019, 211(2): 1127 - 1140.

③ Georgiadis P, Vlachos D, Tagaras G. The impact of product lifecycle on capacity planning of closed-loop supply chains with remanufacturing[J]. Production and Operations Management, 2006, 15(4): 514 - 527.

④ Loomba A P S, Nakashima K. Enhancing value in reverse supply chains by sorting before product recovery[J]. Production Planning & Control, 2012, 23(2/3): 205 - 215.

⑤ Mutha A, Bansal S, Guide V D R. Managing demand uncertainty through core acquisition in remanufacturing[J]. Production and Operations Management, 2016, 25(8): 1449 - 1464.

⑥ Wei S G, Tang O. Real option approach to evaluate cores for remanufacturing in service markets[J]. International Journal of Production Research, 2015, 53(8): 2306 - 2320.

确定的再制造系统优化模型。最后通过算例分析证实了用实物期权评估回收品价值的意义。Dong，Xu，Ren[①] 通过收集并分析了臂架结构在使用过程中的失效性能数据，在特征参数和典型使用条件下对臂架结构的力学性能、缺口裂纹和焊接性能进行了回溯，建立了臂架结构的失效模式数据库，基于改进 DEMATEL 方法提出了为悬臂结构按照潜在的失效模式和开发风险评估系统的再制造移动起重机臂结构的风险评估模型。

Han，Wu，Yang，et al.[②]从盈利能力和稳健性的角度研究逆向渠道选择问题，研究发现在再制造风险下，间接渠道具有比直接渠道更高的鲁棒性。Giri，Sharma[③] 考虑了包含一个制造商和一个零售商的闭环供应链，假设需求、回收、产出率都随机，存在两个供应商，其中一个供应商的原材料价格低但不可靠，一个供应商价格高但完全可靠，研究了存在供应中断风险的闭环供应链的再制造生产优化问题，并对相关系数进行了灵敏度分析。Genc，De Giovanni[④] 研究了基于产品价格和回收的几种消费者退货行为，设计了闭环供应链中的回收及折扣机制，并给出了相应的开环解与马尔可夫完全解。

Kurilova-Palisaitiene，Sundin，Poksinska[⑤] 研究了如何将精益生产用于解决再制造过程的挑战，并有助于缩短交货时间。为了实现这一目标，作者对四家再制造企业进行了文献综述和案例研究，总结出再制造的挑战是：(1) 缺乏物料需求计划系统，(2)缺乏核心信息，(3)缺乏核心材料，(4)缺乏备件信息，(5)缺乏备件材料，(6)质量管理实践不足，(7)大量的库存，(8)随机再制造流程，(9)缺乏供需平

---

① Dong Q, Xu G N, Ren H L. Risk assessment of remanufacturing arm structure for crane based on potential failure mode[J]. Journal of Mechanical Science and Technology, 2015, 29(12): 5345 - 5357.

② Han X H, Wu H Y, Yang Q X, et al. Reverse channel selection under remanufacturing risks: Balancing profitability and robustness [J]. International Journal of Production Economics, 2016, 182(12): 63 - 72.

③ Giri B C, Sharma S. Optimal production policy for a closed-loop hybrid system with uncertain demand and return under supply disruption[J]. Journal of Cleaner Production, 2016, 112(1): 2015 - 2028.

④ Genc T S, De Giovanni P. Optimal return and rebate mechanism in a closed-loop supply chain game[J]. European Journal of Operational Research, 2018, 269(2): 661 - 681.

⑤ Kurilova-Palisaitiene J, Sundin E, Poksinska B. Remanufacturing challenges and possible lean improvements[J]. Journal of Cleaner Production, 2018, 172(1): 3225 - 3236.

衡,(10)自动化不足。这些挑战导致了长时间的和可变的再制造过程提前期。为了应对再制造的挑战,文中提出了7项基于精益的改进措施,这些措施在提高交货时间方面发挥了重要作用:标准操作、持续流程、看板、团队合作、员工交叉培训、持续流程布局和供应商伙伴关系。如果执行了所建议的改进,预计可能减少83%～99%的交货时间。

Zhou, Deng, Li[①] 构建了回收品质量不确定下的最优采购及再制造优化决策模型,用再制造消耗的时间来刻画回收质量的不确定性,将研究问题分为分类和再制造两个子问题进行优化,并分析了回收品质量不确定对独立再制造系统碳排放的影响,研究结果表明,考虑质量不确定性对碳排放的影响,可以有效地提高企业利润,降低企业碳排放总量。此外,考虑质量不确定性对碳排放影响的模型对外部条件的变化具有较好的适应性。Heydari, Ghasemi[②] 给出了在产品质量随机和再制造能力不确定的情况下逆向供应链协调收益共享契约,结果表明,在再制造能力有限的情况下,建议的收益共享契约能够在参与者之间分担风险,实现双赢。

另一部分学者则从优化生产决策的角度来研究降低再制造过程中的不确定性。Reveliotis[③] 尝试通过机器学习中的强化学习理论来管理拆卸计划中的不确定性。Mukhopadhyay, Ma[④] 在顾客需求和回收品产出随机的情况下,建立了联合采购和生产决策模型。Jia, Xu, Guide[⑤] 针对再制造企业供需不平衡的问题,即产品生命周期的早期需求大于供应,而在产品生命周期的后期需求小于供应问题,设计

---

① Zhou J, Deng Q W, Li T. Optimal acquisition and remanufacturing policies considering the effect of quality uncertainty on carbon emissions[J]. Journal of Cleaner Production, 2018, 186(6): 180-190.

② Heydari J, Ghasemi M. A revenue sharing contract for reverse supply chain coordination under stochastic quality of returned products and uncertain remanufacturing capacity[J]. Journal of Cleaner Production, 2018, 197(10): 607-615.

③ Reveliotis S A. Uncertainty management in optimal disassembly planning through learning-based strategies[J]. IIE Transactions, 2007, 39(6): 645-658.

④ Mukhopadhyay S K, Ma H F. Joint procurement and production decisions in remanufacturing under quality and demand uncertainty[J]. International Journal of Production Economics, 2009, 120(1): 5-17.

⑤ Jia J, Xu S H, Guide V D R Jr. Addressing supply-demand imbalance: Designing efficient remanufacturing strategies[J]. Production and Operations Management, 2016, 25(11): 1958-1967.

了一种可转换再制造库存系统策略，以提高再制造决策的效率。Hilger，Sahling，Tempelmeier[①]研究了再制造过程中随机动态多产品容量批量确定问题，在需求和回报不确定的情况下，规划有能力约束的动态生产和再制造计划，提出了一个近似于样本均值的非线性模型和一个分段线性近似模型。Han，Ma，Zhao，et al.[②]针对产品退货的质量和数量、再制造的加工时间、再制造成本以及市场需求等方面的不确定性，建立了混合再制造和制造系统的生产计划鲁棒优化模型，并通过案例研究对模型的有效性和效率进行了评估。

景熠，王旭，李文川等[③]等构建了不确定环境下的汽车发动机制造/再制造混合生产计划模型，采用已知概率的离散场景集合描述新产品市场需求、再制造产品市场需求和回收品数量的不确定性。陈伟达，刘碧玉[④]研究了需求和再制造率不确定下整个再制造系统的综合协调问题，利用两阶段利润函数的思想，构建包括拆卸、再制造和重新装配 3 个子系统的优化模型。Shi，Min[⑤]假定原材料成本服从几何布朗运动情形，从实物期权的角度建立了再制造生产决策优化模型，给出了运用实物期权的再制造成本的边界值，分析了再制造成本的不确定性对再制造决策的影响。Wen，Liu，Liu，et al.[⑥]考虑再加工数量、成本、购买新部件和顾客需求的不确定性，以再制造成本最小化为目标构建了两阶段多周期的混合规划模型，并

① Hilger T，Sahling F，Tempelmeier H. Capacitated dynamic production and remanufacturing planning under demand and return uncertainty[J]. OR Spectrum，2016，38(4)：849-876.

② Han S H，Ma W N，Zhao L，et al. A robust optimisation model for hybrid remanufacturing and manufacturing systems under uncertain return quality and market demand[J]. International Journal of Production Research，2016，54(17)：5056-5072.

③ 景熠，王旭，李文川，等. 多重不确定环境下考虑产品差异的再制造批量生产计划[J]. 计算机集成制造系统，2012，18(12)：2650-2658.

④ 陈伟达，刘碧玉. 考虑质量成本的再制造系统批量计划综合优化[J]. 管理科学学报，2015，18(12)：36-46.

⑤ Shi W B，Min K J. Product remanufacturing：A real options approach[J]. IEEE Transactions on Engineering Management，2014，61(2)：237-250.

⑥ Wen H J，Liu M Z，Liu C Y，et al. Remanufacturing production planning with compensation function approximation method[J]. Applied Mathematics and Computation，2015，256(4)：742-753.

运用补偿函数逼近法进行求解。Panagiotidou, Nenes, Zikopoulos, et al. [①]构建了回收品质量信息不确定下制造/再制造生产批量模型,通过算例分析阐述了回收品质量信息对生产批量的影响。He[②] 研究了闭环供应链中的风险共担问题,探索了供应风险和需求风险对闭环供应链的影响,并制定了响应的风险共担合同以提高闭环供应链的运作效率。Moshtagh, Taleizadeh[③] 将回收品质量作为一个随机变量,假设回购成本、再制造成本和残值取决于退货质量水平,建立了具有三种不同概率分布函数的多制造周期和再制造周期的随机模型,并设计了相应的求解算法,最后通过数值计算,验证了所建立模型的适用性,并进行了灵敏度分析。

Macedo, Alem, Santos, et al. [④]针对混合制造和再制造批量问题,提出了混合整数规划模型,与之前的研究不同的是,作者研究了一个包含多种产品的环境,考虑了制造和再制造、处理、积压成本以及需求、可用产品的回报率和配置成本的不确定性。为了处理这些不确定性,提出了一个基于场景的两阶段随机规划模型,该模型假设生产和配置为第一阶段决策变量,而库存、处理和积压被定义为第二阶段决策变量。最后还分析了一个风险规避模型,试图减少第二阶段成本的分散性。结果表明,再制造的配置成本对制造和再制造之间的选择具有决定性的影响。Ahiska, Gocer, King[⑤] 研究了在随机需求和随机收益条件下,具有产品替代的无限范围混合制造/再制造系统的库存控制问题,再制造品和新品被认为是不同的产品,具有不同的成本和销售价格以及不同的需求流。假设再制造产品的库存风

---

① Panagiotidou S, Nenes G, Zikopoulos C, et al. Joint optimization of manufacturing/remanufacturing lot sizes under imperfect information on returns quality[J]. European Journal of Operational Research, 2017, 258(2): 537-551.

② He Y J. Supply risk sharing in a closed-loop supply chain[J]. International Journal of Production Economics, 2017, 183(1): 39-52.

③ Moshtagh M S, Taleizadeh A A. Stochastic integrated manufacturing and remanufacturing model with shortage, rework and quality based return rate in a closed loop supply chain[J]. Journal of Cleaner Production, 2017, 141(1): 1548-1573.

④ Macedo P B, Alem D, Santos M, et al. Hybrid manufacturing and remanufacturing lot-sizing problem with stochastic demand, return, and setup costs[J]. The International Journal of Advanced Manufacturing Technology, 2016, 82(5/6/7/8): 1241-1257.

⑤ Ahiska S S, Gocer F, King R E. Heuristic inventory policies for a hybrid manufacturing/remanufacturing system with product substitution[J]. Computers & Industrial Engineering, 2017, 114(12): 206-222.

险高于新产品，因为再制造能力依赖于再制造的可用收益。应对这种库存中断风险的方法之一是使用向下替换策略，即高价值物品替代低价值物品，作者将这个问题转化为一个马尔可夫决策过程，以确定最优制造和再制造决策下的产品替换，并开发了一种启发式搜索技术来有效地确定这些策略的参数值。

Zhou, Naim, Disney① 研究了产品回收和再制造不确定性对多级闭环供应链动态性能的影响，研究结果表明，再制造和产品消费提前期越长，库存回收时间越长，上游阶跃响应振荡越大，较高的产出率有助于降低牛鞭效应和各个层级的库存差异。Üster, Hwang② 研究了在产品需求和退货数量不确定情况下的集成闭环供应链网络设计问题，以最小化总设计和预期运营成本为目标，建立了一个两阶段随机混合整数线性规划模型，以确定制造、再制造、加工设施的最优位置以及它们的产能水平。Yu, Solvang③ 将柔性生产能力引入不确定性条件下的多产品多阶段的可持续逆向物流系统网络设计问题中，提出了一种两阶段随机双目标混合整数规划模型，旨在提供一套盈利能力与环境绩效之间的帕累托解，数值分析结果表明，增加环境需求会降低逆向物流系统的盈利能力，而当效率损失保持在适当的水平时，增加灵活性会对经济和环境绩效产生积极的影响。Sun, Chen, Liu, et al. ④ 针对回收品质量的不确定性，以再制造生产时间刻画回收品的质量，并根据不同等级回收品生产所花费的时间，通过优化各个等级回收品的生产批量及生产顺序以降低回收品质量不确定给再制造系统所带来的影响，最后，通过算例分析论证了对回收品分级生产的价值和意义。Liao⑤ 将保修机制作为一种博弈信号，构建了一

---

① Zhou L, Naim M M, Disney S M. The impact of product returns and remanufacturing uncertainties on the dynamic performance of a multi-echelon closed-loop supply chain[J]. International Journal of Production Economics, 2017, 183(1): 487 - 502.

② Üster H, Hwang S O. Closed-loop supply chain network design under demand and return uncertainty[J]. Transportation Science, 2017, 51(4): 1063 - 1085.

③ Yu H, Solvang W D. Incorporating flexible capacity in the planning of a multi-product multi-echelon sustainable reverse logistics network under uncertainty[J]. Journal of Cleaner Production, 2018, 198(10): 285 - 303.

④ Sun H, Chen W D, Liu B Y, et al. Economic lot scheduling problem in a remanufacturing system with returns at different quality grades[J]. Journal of Cleaner Production, 2018, 170(1): 559 - 569.

⑤ Liao B F. Warranty as a competitive dimension for remanufactured products under stochastic demand[J]. Journal of Cleaner Production, 2018, 198(10): 511 - 519.

个包括需求不确定性、消费者对损失的厌恶以及消费者在新产品和再制造产品之间的选择等再制造系统的重要特征的报童模型。结果表明，消费者的损失厌恶情绪对制造商的决策具有重要影响。进一步的分析表明，制造商从再制造产品的保修中获得了更高的利润，消费者对损失的厌恶程度越高，制造商通常会对产品收取更低的价格。Baptista，Barbosa-Póvoa，Escudero，et al.[①]考虑了产品需求的不确定性、生产成本的不确定性，回收品数量及质量的不确定性，以期望利润净现值最大化为目标，从风险管理角度设计了闭环供应链的两阶段多周期的随机混合 0－1 模型，并设计了相应的固定-松弛分解算法。

谢家平，赵忠，孔令丞等[②]分析了再制造生产过程的组织模式，研究了不确定性因素对再制造生产计划与控制系统产生的影响，研究再制造综合生产计划的优化问题，并提出再制造生产计划的层次结构模型。苏春，沙洋娟[③]提出了基于混合不确定性和证据理论的再制造生产计划研究方法，综合考虑再制造过程中的随机参数和模糊参数，建立以利润最大化为目标的多周期混合不确定规划模型。翟勇洪[④]针对闭环供应链的复杂性和高度不确定性特点，探讨了闭环供应链下再制造企业综合生产计划的内涵、特点、构架及影响再制造的不确定性因素，建立了较合理的再制造企业综合生产计划体系，为再制造企业的生产实践提供了理论指导。黄伟鑫，陈伟达[⑤]针对可回收产品数量、单位产品拆卸时间、单位零部件再制造加工时间以及客户需求的不确定性，以总成本最小化为目标，构建了模糊再制造系统混合整数规划模型。利用可信性理论给出了模糊模型的清晰等价形式。最后，通过算例分析了不同置信水平选取对再制造成本的影响，验证了模型对再制造企业

① Baptista S, Barbosa-Póvoa A P, Escudero L F, et al. On risk management of a two-stage stochastic mixed 0－1 model for the closed-loop supply chain design problem[J]. European Journal of Operational Research, 2019, 274(1): 91－107.

② 谢家平，赵忠，孔令丞，等. 再制造生产计划的影响因素及其模式[J]. 系统工程，2007，25(7)：53－59.

③ 苏春，沙洋娟. 基于混合不确定性和证据理论的再制造生产计划[J]. 东南大学学报(自然科学版)，2010，40(4)：712－716.

④ 翟勇洪. 闭环供应链下再制造企业综合生产计划体系[J]. 现代管理科学，2012(12)：109－111.

⑤ 黄伟鑫，陈伟达. 基于可信性理论的模糊环境下再制造生产计划[J]. 工业工程与管理，2012，17(1)：21－26.

生产计划制订的适用性。翟勇洪，梁玲，刘宇熹等[①]综合考虑再制造系统的复杂性以及各种不确定因素，构造了闭环供应链下面向大规模定制的再制造集约生产计划模型，采用模糊线性规划的方法，将不确定模型转化为清晰的确定型大规模整数线性规划模型，以利润最大化为目标，决策各计划期内的最优零部件外购批量、自制零部件批量以及生产批量。景熠，王旭，李文川等[②]针对汽车发动机存在多个可再制造核心组件的特点，以需求满足率、运作成本和再制造产品率为运作目标，建立了不确定环境下的汽车发动机制造/再制造混合生产计划模型，采用已知概率的离散场景集合描述新产品市场需求、再制造产品市场需求和回收品数量的不确定性，并以随机机会约束规划对再制造率的不确定性描述进行了改进。娄山佐，田新诚[③]针对需求及回收品数量和时间的不确定性，利用更新过程和鞅理论，构建了系统期望折扣总费用模型，并采用交叉熵法确定最优的生产速率和调整阈值。

Luo，Chen[④] 研究了在现货市场存在下，期权合约在随机收益供应链中的作用。构建了两种契约机制下制造商的最优订购策略和供应商的最优生产策略模型。研究结果表明，期权契约可以协调制造商的订单数量和供应商的生产数量，最终实现供应链绩效的最优。此外，研究也表明，供应商和制造商并不总是选择期权合约，因此作者给出了实现帕累托改进的条件。温海骏，刘明周，刘长义等[⑤]针对多品种发动机再制造生产过程中存在的不确定性因素，以最小化生产成本为目标，基于可信性理论建立了不确定环境下汽车发动机两阶段模糊再制造生产计划模型，设计了基于逼近方法的粒子群算法来求解两阶段模糊生产计划问题，并以曲轴飞轮总成为仿真实例，验证了该混合智能优化算法解决两阶段模糊规划问题的有

---

① 翟勇洪，梁玲，刘宇熹，等. 面向大规模定制的再制造集约生产计划模型[J]. 上海理工大学学报，2014，36(6)：603－613.

② 景熠，王旭，李文川，等. 面向汽车发动机的制造/再制造混合批量生产计划[J]. 计算机集成制造系统，2013，19(4)：774－781.

③ 娄山佐，田新诚. 需求和回收品均随机的制造-再制造系统生产控制[J]. 控制与决策，2014，29(2)：292－298.

④ Luo J R, Chen X. Risk hedging via option contracts in a random yield supply chain[J]. Annals of Operations Research，2017，257(1/2)：697－719.

⑤ 温海骏，刘明周，刘长义，等. 多品种汽车发动机两阶段模糊再制造生产计划[J]. 计算机集成制造系统，2016，22(2)：529－537.

效性和合理性。刘志，李帮义，程晋石等①研究了模块化水平对制造商和再制造商的制造/再制造决策的影响，结果表明，当废旧品资源不受限时，模块化水平越高，再制造率越高，再制造的环保效应越显著；当回收品资源受限时，模块化水平对再制造生产决策没有影响。张涛，郭春亮，付芳②运用马尔可夫链研究回收产品的质量等级变化不确定的问题，再制造商可以综合考虑再制造产品的库存容量限制和市场需求条件，然后根据可回收产品的质量价值进行分级，进而解决再制造商在可回收再制造系统中对产品回收的再制造最优决策问题。徐朗，汪传旭，施陈玲等③针对由单一制造商和单一再制造商组成的双渠道供应链博弈问题，构建不同契约下的双渠道供应链决策模型，分析了制造商如何通过有效地协调机制激励再制造商提高减排水平。杨爱峰，赖恒聪，王佳琦④建立了随机需求情况下带约束条件的非线性规划模型，通过 K－T 条件求得废旧品采购量和再制造量的最优决策，最后用算例分析验证了模型的有效性。

总之，相较于传统制造企业，再制造企业面临更多不确定性，如何合理控制再制造过程中的不确定性已成为学者及相关企业所关注的热点问题。然而，尽管学者们关注到了再制造的不确定性，但鲜有文献将再制造商的风险偏好考虑在内。

2.3 考虑运作对冲策略的相关研究

企业的生产运作过程中，供、产、销各个环节不确定性因素会导致企业面临一系列的运营风险，应用运作柔性对冲运营风险的行为称为运作对冲。根据 Zhao，

---

① 刘志，李帮义，程晋石，等. 基于模块化设计的制造/再制造生产决策[J]. 计算机集成制造系统，2016，22(4)：935－944.

② 张涛，郭春亮，付芳. 基于回收产品质量分级的再制造策略研究[J]. 工业工程与管理，2016，21(6)：118－123＋129.

③ 徐朗，汪传旭，施陈玲，等. 不同契约机制下考虑再制造的双渠道供应链决策[J]. 控制与决策，2017，32(11)：2005－2012.

④ 杨爱峰，赖恒聪，王佳琦. 废旧品质量不确定情况下的采购及再制造决策[J]. 合肥工业大学学报(自然科学版)，2019，42(1)：130－135.

Huchzermeier[①]的研究，企业可通过以下六方面进行运作对冲：供应柔性、生产过程柔性、需求柔性、网络柔性、时间柔性及混合柔性。其中，供应柔性主要包括多源供应[②]、条件式供应[③]、后备供应[④]、供应商投资[⑤]、库存缓冲[⑥]；生产过程柔性主要包括生产柔性[⑦]、产品柔性[⑧]、模块化生产[⑨]、新产品发行柔性[⑩]；需求柔性主要包括需求转换、资源配置[⑪]、售后服务[⑫]、市场进入与退出[⑬]；时间柔性包括提前(推迟)生产或供应[⑭]。

---

① Zhao L M, Huchzermeier A. Integrated operational and financial hedging with capacity reshoring[J]. European Journal of Operational Research, 2017, 260(2): 557 - 570.

② Dada M, Petruzzi N C, Schwarz L B. A newsvendor's procurement problem when suppliers are unreliable[J]. Manufacturing & Service Operations Management, 2007, 9(1): 9 - 32.

③ Tomlin B. On the value of mitigation and contingency strategies for managing supply chain disruption risks[J]. Management Science, 2006, 52(5): 639 - 657.

④ Sting F J, Huchzermeier A. Dual sourcing: Responsive hedging against correlated supply and demand uncertainty[J]. Naval Research Logistics, 2012, 59(1): 69 - 89.

⑤ Wang Y M, Gilland W, Tomlin B. Mitigating supply risk: Dual sourcing or process improvement? [J]. Manufacturing & Service Operations Management, 2010, 12(3): 489 - 510.

⑥ Tomlin B. On the value of mitigation and contingency strategies for managing supply chain disruption risks[J]. Management Science, 2006, 52(5): 639 - 657.

⑦ Ding Q, Dong L X, Kouvelis P. On the integration of production and financial hedging decisions in global markets[J]. Operations Research, 2007, 55(3): 470 - 489.

⑧ van Mieghem J A. Risk mitigation in newsvendor networks: Resource diversification, flexibility, sharing, and hedging[J]. Management Science, 2007, 53(8): 1269 - 1288.

⑨ Ernst R, Kamrad B. Evaluation of supply chain structures through modularization and postponement[J]. European Journal of Operational Research, 2000, 124(3): 495 - 510.

⑩ Vickery S N, Calantone R, Dröge C. Supply chain flexibility: An empirical study[J]. Journal of Supply Chain Management, 1999, 35(2): 16 - 24.

⑪ Ding Q, Dong L X, Kouvelis P. On the integration of production and financial hedging decisions in global markets[J]. Operations Research, 2007, 55(3): 470 - 489.

⑫ Kim H Y, Jolly L, Kim Y K. Future forces transforming apparel retailing in the United States: an environmental scanning approach[J]. Clothing and Textiles Research Journal, 2007, 25(4): 307 - 322.

⑬ Gamba A, Triantis A J. Corporate risk management: Integrating liquidity, hedging, and operating policies[J]. Management Science, 2014, 60(1): 246 - 264.

⑭ Kouvelis P, Zhao W H. Financing the newsvendor: Supplier vs. bank, and the structure of optimal trade credit contracts[J]. Operations Research, 2012, 60(3): 566 - 580.

Harrison，van Mieghem[①]考虑了一家销售多种产品的公司，每种产品都使用代表不同类型的资本和劳动力的几种资源以及线性生产技术生产，研究指出企业面临不确定的产品需求，可以动态调整资源投资水平，从而改变线性制造过程的能力。Weiss，Maher[②]研究了针对严重中断风险的运作对冲策略，提供了一种新的方法来评估经营政策作为对冲不利环境的作用程度，并应用所提出的方法来探讨供应链特征如何影响航空公司对911恐怖袭击后急剧下降的需求的反应。结果表明，运作对冲工具（机队标准化、机队利用率高、飞机所有权政策而非租赁以及国际业务）在保护企业方面比使用金融工具更有效。Bassamboo，Randhawa，van Mieghem[③]利用资源组合投资的报童网络模型，研究了容量和柔性技术选择的经典问题，提出了一种精确的集论方法来分析具有多个产品和并行资源的报童供应商网络。van Mieghem[④]讨论了企业所面临的各种经营风险，并将其区分为策略风险管理和战略风险管理，以及经营风险管理和金融对冲策略。通过回顾评估这些风险的定性和定量的方法，总结出四种降低经营风险的运作对冲策略：(1)储存与备份，(2)分散化、统筹化，(3)风险分担与转移，(4)减少或者消除风险的根源。文章还回顾了使用期权和衍生品对经营风险进行的金融对冲，并说明如何根据公司的经营战略进行经营对冲。

Sting，Huchzermeier[⑤]指出当面临外部因素造成的供应不确定性时，企业要遵循“不要把所有鸡蛋放在一个篮子里”的智慧，使供应来源多样化。Dong，

---

① Harrison J M，van Mieghem J A. Multi-resource investment strategies：Operational hedging under demand uncertainty[J]. European Journal of Operational Research，1999，113(1)：17-29.

② Weiss D，Maher M W. Operational hedging against adverse circumstances[J]. Journal of Operations Management，2009，27(5)：362-373.

③ Bassamboo A，Randhawa R S，van Mieghem J A. Optimal flexibility configurations in newsvendor networks：Going beyond chaining and pairing[J]. Management Science，2010，56(8)：1285-1303.

④ van Mieghem J A. Risk management and operational hedging：An overview[M]//The Handbook of Integrated Risk Management in Global Supply Chains. Hoboken，NJ，USA：John Wiley & Sons，Inc.，2011(10)：13-49.

⑤ Sting F J，Huchzermeier A. Operational hedging and diversification under correlated supply and demand uncertainty[J]. Production and Operations Management，2014，23(7)：1212-1226.

Kouvelis，Wu[①] 以一家利润最大化的炼油商为视角，将其现有的简单炼油厂升级为包含中间转换灵活性的炼油厂，建立了两阶段随机规划模型，研究了转换灵活性的价值驱动因素以及投入产出市场条件对其经济潜力的影响，转换灵活性通过将不盈利的情况转化为盈利的情况或提高已经盈利的情况的盈利能力来为炼油厂增加价值。Dong，Kouvelis，Su[②] 研究了在全球竞争环境下，经营灵活性对企业在汇率波动下的经济风险敞口的影响，研究结果表明：(1)经营灵活性使全球企业能够利用可能的高汇率，即实现了利润的提高，从而在长期内增加了公司的预期利润。(2)随着汇率变得更加不稳定，业务灵活性允许对下行风险进行控制，将不利于货币变现的影响降到最低。(3)全球性企业的经营灵活性增加了竞争对手的下行风险，但也可能有利于提高竞争对手的预期利润，因为在汇率不利的情况下，具有经营灵活性的全球性企业可能决定不参与竞争。因此，经营灵活性的对冲效果依赖于在处理汇率波动带来的竞争性风险敞口时巧妙地运用经营灵活性选项。

Longinidis，Georgiadis，Kozanidis[③]将汇率风险的运作对冲集成到供应链网络的设计和运行决策中，通过对一家消费品公司的实际案例研究发现，将运作对冲引入供应链网络的设计中可以帮助管理者在战略层面进行更加有效的决策。Gao[④] 研究了动态供应风险管理中的协同预测、库存对冲和合同协调问题，建立了一个马尔可夫模型来捕捉预测演化的非平稳、易变和动态特性，然后将预测结果集成到一个动态规划中，在三个层次上进行库存套期保值。研究结果表明，动态预测对高利润产品、中等固定成本、低需求波动具有较高的价值。如果没有协调，强制

---

① Dong L X，Kouvelis P，Wu X L. The value of operational flexibility in the presence of input and output price uncertainties with oil refining applications[J]. Management Science，2014，60(12)：2908－2926.

② Dong L X，Kouvelis P，Su P. Operational hedging strategies and competitive exposure to exchange rates[J]. International Journal of Production Economics，2014，153(7)：215－229.

③ Longinidis P，Georgiadis M C，Kozanidis G. Integrating operational hedging of exchange rate risk in the optimal design of global supply chain networks[J]. Industrial & Engineering Chemistry Research，2015，54(24)：6311－6325.

④ Gao L. Collaborative forecasting，inventory hedging and contract coordination in dynamic supply risk management[J]. European Journal of Operational Research，2015，245(1)：133－145.

供应信息共享可能会加剧供应中断。Turcic，Kouvelis，Bolandifar① 探讨了在分散的、风险中性的供应链中对冲随机投入成本的问题，考虑了一个报童模型，其中上游和下游企业都面临随机投入成本，下游买方的交货依赖上游供应商，供应商的采购依赖于买方。研究表明，如果不加以管理，影响整个供应链的随机成本可能导致重大的财务损失，对冲策略能够确保供应的连续性。Kauppi，Longoni，Caniato，et al. ②研究了国家中断风险与采用综合风险管理和外部供应链集成实践之间的关系，以及这些组合与运营绩效之间的关系，研究结果表明，风险较高的国家的企业采用外部供应链整合和风险管理实践相结合，其特点是突发事件风险、自然灾害和恐怖主义以及政治不稳定。采用风险管理实务与外部整合相结合的公司，可取得最佳的营运成效。Carter，Rogers，Simkins，et al. ③回顾了非金融企业对商品风险管理的相关研究，讨论了所使用的理论和方法及最适合测试商品风险的模型。Chen④ 研究了一个具有供需能力不确定性的双源库存系统，与具有确定性供应能力的双源模型相比，动态规划递归中的目标函数不是关于订货量的凸函数，为此作者提出了一种将非凸极小化问题转化为等价凸极小化问题的方法可以推导出具有随机供应能力的双源问题的最优策略的结构特性。Jain，Hazra⑤ 研究了运用多源采购降低供应链风险的问题，建立了一个供应链模型，其中两个上游供应商通过投资产能来满足买方的需求，一个买家将其采购需求分配给两个供应商。研究发现，当供应商能力均值低于一定阈值时，供应商的能力投资随着生产能力均值的增加而增加。在此阈值以上，供应商的产能投资随着平均产能的增加而减少。

---

① Turcic D，Kouvelis P，Bolandifar E. Hedging commodity procurement in a bilateral supply chain[J]. Manufacturing & Service Operations Management，2015，17(2)：221-235.

② Kauppi K，Longoni A，Caniato F，et al. Managing country disruption risks and improving operational performance：Risk management along integrated supply chains[J]. International Journal of Production Economics，2016，182(12)：484-495.

③ Carter D A，Rogers D A，Simkins B J，et al. A review of the literature on commodity risk management[J]. Journal of Commodity Markets，2017，8(12)：1-17.

④ Chen X. Operational hedging through dual-sourcing under capacity uncertainty[J]. Foundations and Trends © in Technology，Information and Operations Management，2017，11(1/2)：46-64.

⑤ Jain T，Hazra J. Dual sourcing under suppliers' capacity investments[J]. International Journal of Production Economics，2017，183(1)：103-115.

另外，该研究发现供应商能力变异性的增加降低了供应商的投资。随着生产成本均值的增加，供应商的产能投资减少。随着供应商生产成本的变异性增加，产能投资决策变化不大。Li, Li[①] 和 Ray, Jenamani[②] 也针对供应中断问题，探讨了多源采购在提高决策者效用方面的价值和意义。

Chen, Kouvelis, Biazaran[③] 探讨了运作柔性在具有产出和需求不确定性的联合生产系统中的价值，公司可利用其产品满足不同质量要求的多种终端市场需求。以期望利润最大化为目标，提出了一个三阶段随机规划问题，研究了中间产品升级柔性的价值。研究表明，虽然升级会产生成本，但它通过降低总生产成本和更好管理收益的不确定性为企业创造了价值。Xu, Wang, Dang, et al. [④]研究了具有风险规避性的报童问题，引入后备采购策略，以 CVaR 效用最大化为目标，优化其最优订货量，探讨了后备采购在缓解需求风险方面的价值和意义。Kulkarni, Francas[⑤] 研究了在中间产品与制成品的混合约束条件下产能投资和灵活性的价值，研究表明，随着相关性的增加，混合系统的成本性能会下降，适度的混合可以显著提高灵活性。Maluenda, Negrete-Pincetic, Olivares, et al. [⑥]综合考虑了每日、每小时和每年水的不确定性，提出了一种容量扩张规划的随机规划模型评估水库应对变化的灵活性，研究表明，考虑容量灵活性的水库明显优于传统的水库。van

---

① Li X, Li Y J. On the loss-averse dual-sourcing problem under supply disruption[J]. Computers & Operations Research, 2018, 100(12): 301 - 313.

② Ray P, Jenamani M. Mean-variance analysis of sourcing decision under disruption risk[J]. European Journal of Operational Research, 2016, 250(2): 679 - 689.

③ Chen X X, Kouvelis P, Biazaran M. Value of operational flexibility in co-production systems with yield and demand uncertainty[J]. International Journal of Production Research, 2018, 56(1/2): 491 - 507.

④ Xu X S, Wang H W, Dang C Y, et al. The loss-averse newsvendor model with backordering [J]. International Journal of Production Economics, 2017, 188(6): 1 - 10.

⑤ Kulkarni S S, Francas D. Capacity investment and the value of operational flexibility in manufacturing systems with product blending[J]. International Journal of Production Research, 2018, 56(10): 3563 - 3589.

⑥ Maluenda B, Negrete-Pincetic M, Olivares D E, et al. Expansion planning under uncertainty for hydrothermal systems with variable resources[J]. International Journal of Electrical Power & Energy Systems, 2018, 103(12): 644 - 651.

den Broeke, Boute, van Mieghem[①]研究了平台灵活性的最优投资问题,作者使用事前投资与事后定制权衡曲线描述了最优平台投资组合策略,并展示了这些成本、需求预测以及决策者的后悔和风险态度的比较静态关系。灵活的平台为规避风险的决策者提供了操作对冲,因此他们应该比风险中性的决策者进行更多的投资。相对于制造业的灵活性而言,需求越负相关,次优投资的后悔度越大。

通过文献回顾可知,多源供应、柔性生产、时间柔性等多种运作对冲手段已逐渐被应用到各个领域进行风险管理,并取得了显著的经济效益。然而,虽然再制造比传统制造面临更多的不确定性,但将运作对冲应用到再制造方面的文献还很少。

2.4　考虑金融对冲策略的相关研究

随着金融市场的迅速发展,越来越多的企业和学者开始利用金融对冲策略规避生产经营过程中的风险,利用金融工具对冲来降低企业的生产运作过程中各个环节不确定性因素导致的一系列运营风险,即金融对冲策略。根据 Zhao, Huchzermeier[②],在金融对冲方面,企业可通过以下三种方式进行:现金、供应链、金融衍生品。其中现金工具包括股票、贷款[③]、流动资金[④]、外汇储备[⑤]、保险[⑥];供应

---

① van den Broeke M M, Boute R N, van Mieghem J A. Platform flexibility strategies: R&D investment versus production customization tradeoff[J]. European Journal of Operational Research, 2018, 270(2): 475－486.

② Zhao L M, Huchzermeier A. Operations-finance interface models: A literature review and framework[J]. European Journal of Operational Research, 2015, 244(3): 905－917.

③ Alan Y, Gaur V. Operational investment and capital structure under asset-based lending[J]. Manufacturing & Service Operations Management, 2018, 20(4): 637－654.

④ Gamba A, Triantis A J. Corporate risk management: Integrating liquidity, hedging, and operating policies[J]. Management Science, 2014, 60(1): 246－264.

⑤ Chowdhry B, Howe J T B. Corporate risk management for multinational corporations: Financial and operational hedging policies[J]. Review of Finance, 1999, 2(2): 229－246.

⑥ Dong L X, Tomlin B. Managing disruption risk: The interplay between operations and insurance[J]. Management Science, 2012, 58(10): 1898－1915.

链工具包括供应商补贴[①]、贸易信贷[②]、保付代理 、反向保理[③]、发票贴现[④]、货币风险共担;金融衍生品工具包括期货、远期合约[⑤]、看涨/看跌期权[⑥]、互惠信贷[⑦]。

Trigeorgis, Tsekrekos[⑧] 回顾了过去 12 年在 5 家国际知名期刊上发表的 164 篇论文,对实物期权方法对运筹学最有价值的主要主题和贡献进行了分类,指出实物期权方法在获取和评估决策者面临的许多经营决策所固有的灵活性方面是有效的。Gaur, Seshadri[⑨] 考虑了在一个风险厌恶型的报童模型中,通过金融对冲能够使利润方差最小化,风险厌恶决策者获得更高的期望效用。Haksöz, Seshadri[⑩] 通过用远期/期货和期权来对冲价格、收益风险,并设计了生产和现货市场交易的最优策略。Chu, Ni, Shi, et al. [⑪]研究当需求与金融资产价格相关时利用金融套期保值降低库存风险的问题。首先,针对金融对冲问题,建立了需求不确定性和均值方差准则的连续库存模型。然后,又提出了一个简单而有效的金融对冲策略,允许

---

① Babich V. Vulnerable options in supply chains: Effects of supplier competition[J]. Naval Research Logistics, 2006, 53(7): 656 - 673.

② Seifert D, Seifert R W, Protopappa-Sieke M. A review of trade credit literature: Opportunities for research in operations[J]. European Journal of Operational Research, 2013, 231(2): 245 - 256.

③ Klapper L. The role of factoring for financing small and medium enterprises[J]. Journal of Banking & Finance, 2006, 30(11): 3111 - 3130.

④ Cosh A, Cumming D, Hughes A. Outside enterpreneurial capital [J]. The Economic Journal, 2009, 119(540): 1494 - 1533.

⑤ Hommel U. Financial versus operative hedging of currency risk[J]. Global Finance Journal, 2003, 14(1): 1 - 18.

⑥ Ding Q, Dong L X, Kouvelis P. On the integration of production and financial hedging decisions in global markets[J]. Operations Research, 2007, 55(3): 470 - 489.

⑦ Gamba A, Triantis A J. Corporate risk management: Integrating liquidity, hedging, and operating policies[J]. Management Science, 2014, 60(1): 246 - 264.

⑧ Trigeorgis L, Tsekrekos A E. Real options in operations research: A review[J]. European Journal of Operational Research, 2018, 270(1): 1 - 24.

⑨ Gaur V, Seshadri S. Hedging inventory risk through market instruments[J]. Manufacturing & Service Operations Management, 2005, 7(2): 103 - 120.

⑩ Haksöz C, Seshadri S. Integrated production and risk hedging with financial instruments [M]//The Handbook of Integrated Risk Management in Global Supply Chains. Hoboken, NJ, USA: John Wiley & Sons, Inc., 2011: 157 - 196.

⑪ Chu L K, Ni J, Shi Y, et al. Inventory risk mitigation by financial hedging[J]. Lecture Notes in Engineering & Computer Science, 2009, 2179(1): 1260 - 1263.

决策者利用各种金融证券作为降低库存风险的工具。最后,利用蒙特卡罗模拟提供了一个数值实验来评估金融对冲方法的有效性。Caldentey, Haugh[①]研究了由一个零售商和一个生产商构成的存在竞争关系的供应链,研究发现生产者总是偏好有套期保值的弹性合约,而不是没有套期保值的弹性合约。然而,根据模型参数的不同,零售商可能喜欢也可能不喜欢带有套期保值的灵活合同。Ni, Chu, Wu, et al.[②]提出了一个多阶段的套期保值策略模型,解决了因大宗商品价格波动而产生的采购风险,为了得到有效的或接近最优的多阶段套期保值策略,建立了离散时间随机控制模型。数值实验和蒙特卡罗模拟结果表明,所提出的多阶段套期保值策略和单阶段套期保值策略都具有较好的效果。此外,还针对采购量与采购价格无关的情况,给出了一种近似最优解。

Sayın, Karaesmen, Özekici[③]和 Tekin, Özekici[④]采用金融对冲方式解决报童模型中随机供应问题,并分别利用效用理论和均值方差理论对模型进行优化。Okyay, Karaesmen, Özekici[⑤]考虑一个需求和供给不确定与金融市场相关的单周期库存模型,决策者通过投资于一系列金融工具来管理需求和供给风险,以均值-方差效用模型为基础,优化最优订货策略及最优投资组合,并对相关参数进行了灵敏度分析。Birge[⑥]指出综合考虑运营和财务因素有助于企业更加精准地做决策,有利于企业价值最大化。Xue, Ma, Shen[⑦]研究了具有随机需求的报童问题,决策

---

① Caldentey R, Haugh M B. Supply contracts with financial hedging[J]. Operations Research, 2009, 57(1): 47-65.

② Ni J, Chu L K, Wu F, et al. A multi-stage financial hedging approach for the procurement of manufacturing materials[J]. European Journal of Operational Research, 2012, 221(2): 424-431.

③ Sayın F, Karaesmen F, Özekici S. Newsvendor model with random supply and financial hedging: Utility-based approach[J]. International Journal of Production Economics, 2014, 154(8): 178-189.

④ Tekin M, Özekici S. Mean-variance newsvendor model with random supply and financial hedging[J]. IIE Transactions, 2015, 47(9): 910-928.

⑤ Okyay H K, Karaesmen F, Özekici S. Hedging demand and supply risks in the newsvendor model[J]. OR Spectrum, 2015, 37(2): 475-501.

⑥ Birge J R. OM forum—operations and finance interactions[J]. Manufacturing & Service Operations Management, 2015, 17(1): 4-15.

⑦ Xue W L, Ma L J, Shen H C. Optimal inventory and hedging decisions with CVaR consideration[J]. International Journal of Production Economics, 2015, 162(4): 70-82.

者可以通过购买看跌期权以对冲需求风险，以条件风险价值（CVaR）效用模型为基础，构建了以期望效用最大化为目标的优化模型，研究结果表明最优套期保值比率先是增加，然后随着报童对风险厌恶程度降低而保持不变，看跌期权的价值随着报童对风险厌恶程度和需求的不确定性的增加而增加。此外，风险规避对期权价值的影响在很大程度上取决于系统参数的大小。Ni，Chu，Yen[①] 指出风险规避的企业可以运用运作管理方法与金融对冲策略相结合的方式提高自身效用。Sun，Chen，Ren，et al.[②]通过购买看涨/看跌期权、优化新品和再制造品所占比例的方式对冲再制造商所面临的需求不确定问题。Goel，Tanrısever[③] 假定原材料价格与产品价格正相关，产品需求与价格负相关，通过运用现货、期货和合同相结合的金融对冲方式应对价格风险。Leippold，Stromberg[④] 研究了技术创新和不可分散风险对创业进入和最优投资组合选择的影响，在一个实物期权模型中，两个风险厌恶者战略性地决定技术采用，证明了非分散风险对期权时机决策的影响是模糊的，并且取决于技术变化的频率。与完全市场情况相比，非分散风险可能会加速或延迟最优投资决策。此外，在非分散风险存在的情况下，技术采用的战略考虑对企业家的最优投资组合选择起着核心作用。

Park，Kazaz，Webster[⑤] 探讨了企业如何通过生产对冲来降低全球经济风险，即生产量低于总需求量，研究了企业在汇率和需求不确定性下的生产计划、定价和财务对冲决策，目的是在满足风险价值（VaR）约束的同时最大化预期利润，该约束限制了企业在数量和概率上的损失。研究结果表明，首先，生产套期保值与生产需求匹配相比，在增加预期利润的同时，可以从 VaR 和 CVaR 两方面大幅度降低风

---

① Ni J，Chu L K，Yen B P C. Coordinating operational policy with financial hedging for risk-averse firms[J]. Omega，2016，59(3)：279 - 289.

② Sun H，Chen W D，Ren Z L，et al. Optimal policy in a hybrid manufacturing/remanufacturing system with financial hedging [J]. International Journal of Production Research，2017，55(19)：5728 - 5742.

③ Goel A，Tanrisever F. Financial hedging and optimal procurement policies under correlated price and demand[J]. Production and Operations Management，2017，26(10)：1924 - 1945.

④ Leippold M，Stromberg J. Strategic technology adoption and hedging under incomplete markets[J]. Journal of Banking & Finance，2017，81(8)：181 - 199.

⑤ Park J H，Kazaz B，Webster S. Risk mitigation of production hedging[J]. Production and Operations Management，2017，26(7)：1299 - 1314.

险;其次,当企业具有定价灵活性时,生产对冲使企业将最优价格降低到无风险价格以下,以从汇率波动中获益。此外,论文还研究了金融套期保值与生产套期保值之间的相互作用。Wang, Yao[①] 指出对许多产品的需求可能取决于可交易资产的价格或总体经济状况。例如,对种植或收割玉米的设备的需求与大宗商品市场上的玉米价格相关,折扣店在上次经济衰退期间经历了销售收入的增长。因此,作者将需求模型化为一个随机过程,包含两个部分:除了反映需求波动的高斯分量外,还有一个漂移分量以可交易资产价格函数的形式出现。在依赖整体经济的情况下,资产价格可以是一个广泛的市场指数,比如标准普尔 500 指数(S&P 500 index)。因此,作者研究了给定生产周期下的一次性产量决策和实时风险对冲策略,采用均值-方差公式,得到了生产决策和套期决策的最优解。Ni, Chu, Li[②] 通过建立一个博弈论模型,研究了金融套期保值在企业竞争战略中的应用问题,并根据实证研究,假设企业价值是企业利润的一个凹函数,首先证明了纳什均衡的唯一性之后,并据此研究了金融套期保值对均衡的影响,研究表明,在竞争激烈的市场中,有效的金融对冲计划可以通过提高公司的产量、提高市场份额和提高盈利能力来帮助提高公司的价值。Nkeki[③] 对金融危机中投资者的最优投资管理策略和债务状况进行了理论和实证研究,考虑了一个面临通货膨胀、投资、固定资产和收益四种背景风险的市场,研究发现对固定资产市场的投资可以对冲股票市场投资组合中的信用风险,固定资产市场的投资组合与经济的最优负债率成反比,与金融市场的投资组合成正比。

也有一部分文献将金融对冲运用到供应链的优化中,Li, Niu, Chu, et al.[④]考虑了由一个风险中性制造商和一个风险厌恶零售商组成的两阶段供应链,提出了

---

① Wang L, Yao D D. Production with risk hedging—optimal policy and efficient frontier[J]. Operations Research, 2017, 65(4): 1095 - 1113.

② Ni J, Chu L K, Li S D. Financial hedging and competitive strategy for value-maximizing firms under quantity competition[J]. Annals of Operations Research, 2018, 264(1/2): 391 - 407.

③ Nkeki C I. Optimal investment risks and debt management with backup security in a financial crisis[J]. Journal of Computational and Applied Mathematics, 2018, 338(8): 129 - 152.

④ Li Q, Niu B Z, Chu L K, et al. Buy now and price later: Supply contracts with time-consistent mean-variance financial hedging[J]. European Journal of Operational Research, 2018, 268(2): 582 - 595.

一种灵活的价格契约,该契约允许制造商根据未来消费商品的现货价格确定产品批发价格,零售商根据未来消费商品的现货价格确定订单数量。进一步研究了风险规避零售商如何通过购买消费商品期货合约进行均值方差金融套期保值。利用动态规划模型对该问题进行了求解,推导出了一种封闭形式的时间一致的金融套期保值策略。通过数值实验表明,套期保值有效地降低了从制造商到零售商的商品价格风险,保持了弹性价格契约的利益。Liu, Wang[①] 针对具有战略金融对冲的供应链网络,利用变分不等式理论建立了一个网络均衡模型。考虑多家竞争公司购买多种材料和部件来生产他们的产品,供应链企业可以利用期货合约来对冲采购活动面临着商品价格风险和汇率风险。程永文,周永务[②]以批发价格合约,回购合约为模型基础,考虑存在金融对冲的情况下供应链的优化问题,证明了对冲组合数量的选择与风险规避程度和避险工具的成本有关。刘丰军,邢伟,黄浩等[③]基于金融对冲的双寡头零售商供应链均衡策略问题,分析了 Cournot 和 Bertrand 两种博弈情景,研究表明两个零售商都会采取金融对冲策略。

还有一部分针对特定的企业或者产业,研究了金融对冲在风险管理方面的应用。Yun, Kim, Park, et al. [④]针对生物精炼厂的利润受其原料供应和产品利润率的影响问题,采用了生物精加工一体化工艺,实现了产品和原料的多样化,根据集成过程的价格和产品需求,规划出集成过程的最优运行规划,并建议通过期货合同尽量减少因原材料价格变化而带来的风险。研究表明,所提出的规划模型将有助于降低利润的变异性,提高生物精炼厂的操作灵活性。Doege, Fehr, Hinz,

---

① Liu Z G, Wang J. Supply chain network equilibrium with strategic financial hedging using futures[J]. European Journal of Operational Research, 2019, 272(3): 962-978.

② 程永文,周永务. 存在金融对冲的两级供应链优化决策[J]. 系统工程学报, 2014, 29(3): 371-383.

③ 刘丰军,邢伟,黄浩,等. 基于套期保值的双寡头零售商供应链均衡策略分析[J]. 系统科学与数学, 2014, 34(2): 187-197.

④ Yun C, Kim Y, Park J, et al. Optimal procurement and operational planning for risk management of an integrated biorefinery process[J]. Chemical Engineering Research and Design, 2009, 87(9): 1184-1190.

et al.[1]指出随着自由化市场的发展以及天然气、燃料和电力价格的不确定性，需要对生产设施和财政合同进行有效的管理。因此，衍生品构成了交易量和价格风险的基本工具。在竞争激烈的新市场环境中，参与者面临的挑战是如何设计、定价和对冲衍生品合约。Gao，Chen，Chao[2]研究了季节性产品的库存风险对冲问题，产品的需求对季节平均温度等天气条件敏感，决策者不仅要决策订货量，还要决策天气对冲策略。采用风险条件价值风险度量方法，探讨了均值－CVaR准则下的联合决策问题，研究发现，使用天气衍生品对冲风险可以增加订单量，帮助风险规避的决策者提高整体预期利润。

Broll，Wong[3]考察了一个同时面临价格风险和收入冲击的竞争企业的行为，该公司可以通过交易期货和期权合约，以对冲风险。结果表明，随机现货价格与收益冲击之间的相关性在决定企业的最优生产和套期保值决策中起着至关重要的作用。Bae，Kim，Kwon[4]通过分析一家韩国公司的数据，发现金融衍生品在对冲风险和保护低风险公司价值方面发挥了作用，出口越多、外币债务越多、汇率风险敞口越大的公司，可能会使用更多的货币衍生品进行对冲。Shin，Baldick[5]指出当风力发电商参与远期电力市场时，由于发电产量的不确定性和市场价格的高度波动，他们将面临实时市场风险。这种量价联合风险导致厌恶风险的风力发电商销售的能源少于预期发电量，这阻碍了风力发电商充分享受参与远期电力市场的好处。为了降低实时市场的量价风险，作者提出了一种被称为风险交换的金融工具，使风力发电商能够在现货市场清空后，从不确定的价格和发电量中随机交易净支

① Doege J，Fehr M，Hinz J，et al. Risk management in power markets：The Hedging value of production flexibility[J]. European Journal of Operational Research，2009，199(3)：936 - 943.

② Gao F，Chen F Y，Chao X L. Joint optimal ordering and weather hedging decisions：Mean-CVaR model[J]. Flexible Services and Manufacturing Journal，2011，23(1)：1 - 25.

③ Broll U，Wong K P. Managing revenue risk of the firm：Commodity futures and options[J]. IMA Journal of Management Mathematics，2017，28(2)：245 - 258.

④ Bae S C，Kim H S，Kwon T H. Currency derivatives for hedging：New evidence on determinants，firm risk，and performance[J]. Journal of Futures Markets，2018，38(4)：446 - 467.

⑤ Shin H，Baldick R. Mitigating market risk for wind power providers via financial risk exchange[J]. Energy Economics，2018，71(3)：344 - 358.

付,并据此构建了相应的纳什博弈模型。Zhang, Yu, Liu[①] 研究了出口企业的贸易和期权套期保值策略。文中提出了一种条件风险价值(CVaR)最小化为目标的贸易和货币期权套期保值模型,利用 Copula 函数推导了被套期组合的分布函数,然后,根据 CVaR 定义的等价公式,利用等价变换方法将模型转化为一个简单的结构。最后,通过对中国某黄金出口企业的实证研究,说明了该模型的应用。Firouzi, Vahdatmanesh[②] 研究了金融对冲在公路建设上的应用,提出了一种利用百慕大期权对冲重大价格风险的新方法,并通过一个实例说明了该方法的适用性。研究发现,这些场外期权是适合公路建设特点的风险管理工具,在选择套期保值策略时,应充分考虑套期保值的具体规模、时间范围和交易对手信用风险问题。

通过文献回顾发现,随着金融市场的迅速发展,越来越多的企业和学者开始利用金融对冲策略规避生产经营过程中的风险,利用金融工具对冲来降低企业的生产运作过程中各个环节不确定性因素导致的一系列运营风险,且取得了显著的成效。然而,很少文献将金融对冲运用到再制造的风险管理中。

2.5 综合考虑运作对冲和金融对冲策略的相关研究

随着对运作对冲和金融对冲策略研究的不断深入,越来越多的学者开始将运作对冲和金融对冲结合到一起,以达到更好地管理风险的目的。Kim, Mathur, Nam[③] 以 424 家公司为样本,包括 212 家运用运作对冲的公司和 212 家规模与行业匹配的不运用运作对冲的公司,研究了运作对冲与金融对冲之间的关系。研究发现,一方面,不使用运作对冲的公司使用更多的金融对冲,另一方面,尽管使用运作对冲的公司面临更多的货币风险,他们却更少地使用金融对冲,这些结果可以解

① Zhang W G, Yu X, Liu Y J. Trade and currency options hedging model[J]. Journal of Computational and Applied Mathematics, 2018, 343(12): 328 - 340.

② Firouzi A, Vahdatmanesh M. Applicability of financial derivatives for hedging material price risk in highway construction[J]. Journal of Construction Engineering and Management, 2019, 145(5): 04019023-1-04019023-12.

③ Kim Y S, Mathur I, Nam J. Is operational hedging a substitute for or a complement to financial hedging? [J]. Journal of Corporate Finance, 2006, 12(4): 834 - 853.

释为什么一些全球公司使用非常有限的金融衍生品作为对冲的原因。Ji，Huang，Grossmann① 提出了在原油采购过程中，将运作对冲与金融对冲策略相结合的一般框架，构建了一个条件风险值（CVaR）作为风险度量的单阶段随机规划模型，采用样本平均近似（SAA）方法求解随机问题，研究表明综合使用运作对冲与金融对冲策略能够使得行业经理能够在盈利能力和风险承受能力之间获得所需的平衡。Kuzmina，Kuznetsova② 通过分析 2011－2014 年期间一家德国上市公司样本数据发现，公司在出口或进口时使用货币衍生品的频率更高，特别是当汇率波动较大时，但同时拥有高出口和进口份额时，使用货币衍生品的频率较低。作者将这一发现解释为，当以外币计价的收入和成本匹配时，就会出现运作对冲，从而挤掉金融对冲，研究结果强调了将经营策略作为企业融资政策整体决定因素的重要性。

Chod，Rudi，van Mieghem③ 研究了运作对冲和金融对冲两种风险对冲方式之间互补与替代关系，研究表明两种风险对冲策略之间的关系取决于灵活性的类型：一方面，如果产品柔性和金融对冲是互补（替代），则金融套期保值倾向于增加（减少）产品价值。反之，当产品需求正（负）相关时，金融对冲会增加（减少）产品柔性的价值。另一方面，相对于产品的柔性，延期柔性是金融套期保值的一种替代。Arnold，Minner④ 分析了采购价格和产品需求不确定下的商品采购问题，在非对称和双寡头垄断的销售市场中，提出了一种优化模型用来寻找满足需求的最优预购、现货市场采购和金融期权组合。其中，一个公司只能即时采购，而另一个公司可以通过存货或期权合同提前采购。研究表明，即使在无套利采购价格下，库存和

---

① Ji X C，Huang S M，Grossmann I E. Integrated operational and financial hedging for risk management in crude oil procurement[J]. Industrial & Engineering Chemistry Research，2015，54(37)：9191－9201.

② Kuzmina O，Kuznetsova O. Operational and financial hedging：Evidence from export and import behavior[J]. Journal of Corporate Finance，2018，48(2)：109－121.

③ Chod J，Rudi N，van Mieghem J A. Operational flexibility and financial hedging：Complements or substitutes? [J]. Management Science，2010，56(6)：1030－1045.

④ Arnold J，Minner S. Financial and operational instruments for commodity procurement in quantity competition[J]. International Journal of Production Economics，2011，131(1)：96－106.

期权合同都比单纯地即时采购具有优势。Caldentey，Haugh① 考虑了当企业的利润与金融市场的回报相关时，运用金融工具和企业经营策略同时对冲企业经营风险的问题，并讨论了不同的信息假设如何产生不同类型的对冲和解决方案技术。Ding，Dong，Kouvelis② 从风险管理角度综合研究了跨国企业的运营决策和金融对冲决策。Sosnoski，de Oliveira Ribeiro③ 针对乙醇和糖生产工厂在销售期面临价格变动风险的问题，构建了集成金融对冲和运作对冲的决策模型。Zhao，Huchzermeier④ 同时运用运作对冲策略和金融对冲策略方式探索跨国公司所面临的业务外包、生产转换、供需不匹配及汇率风险问题，研究表明运作和金融对冲可以有效地缓解跨国公司所面临的风险。Hoberg，Moon⑤研究了需求不确定性高的情况下货币流动性和外汇对冲的有效性。研究发现，当外汇衍生品的流动性和有效性更高时，公司更有可能使用外汇对冲。相反，当外汇对冲的流动性或有效性较差时，公司会增加运作对冲活动。Inderfurth，Kelle，Kleber⑥ 考虑一个制造企业在一个产品需求不确定的环境中，将库存作为一种运作对冲的方式，并通过期权合同和现货市场进行双重采购，构建了一种具有跨时间价格相关性的现货价格模型。Kouvelis，Pang，Ding⑦ 考虑一家公司从现货市场购买一种可储存的原材料商品，而现货市场的商品价格波动较大，且可以进入相关的金融衍生品市场。购买的商品被加工成需求不确定，销售损失的最终产品。该公司的目标是整合库存补充和

---

① Caldentey R，Haugh M. Optimal control and hedging of operations in the presence of financial markets[J]. Mathematics of Operations Research，2006，31(2)：285－304.

② Ding Q，Dong L X，Kouvelis P. On the integration of production and financial hedging decisions in global markets[J]. Operations Research，2007，55(3)：470－489.

③ Sosnoski A A K B，de Oliveira Ribeiro C. Hedging in the ethanol and sugar production：Integrating financial and production decisions[J]. Produção，2012，22(1)：115－123.

④ Zhao L M，Huchzermeier A. Integrated operational and financial hedging with capacity reshoring[J]. European Journal of Operational Research，2017，260(2)：557－570.

⑤ Hoberg G，Moon S K. Offshore activities and financial vs operational hedging[J]. Journal of Financial Economics，2017，125(2)：217－244.

⑥ Inderfurth K，Kelle P，Kleber R. Inventory control in dual sourcing commodity procurement with price correlation[J]. Central European Journal of Operations Research，2018，26(1)：93－119.

⑦ Kouvelis P，Pang Z，Ding Q. Integrated commodity inventory management and financial hedging：A dynamic mean-variance analysis[J]. Production and Operations Management，2018，27(6)：1052－1073.

财务对冲决策,在有限的范围内最大化均值-方差的终端财富。通过最小化套期组合的方差、超额库存的价值和利润随未来价格的函数关系,可以得到最优的套期策略。他们进一步研究了库存与金融套期之间的动态相互作用关系,证明了它们在动态环境中是可以替代的。最后,比较了不同套期保值环境下的绩效,探讨了金融套期保值是如何增值的,并进行了数值研究。

综上文献分析可以看出,综合考虑运作对冲和金融对冲,可以更加有效地协调和整合生产过程中物流和资金流,降低企业运营的风险,提高企业利润。然而,在以往关于再制造生产运作的文献中,有少量文献将运作对冲和金融对冲引入到再制造的生产运作中,本研究将运作对冲和金融对冲引入到再制造生产运作过程中,以期提高再制造企业在低碳经济下的整体运作效率。

2.6 研究现状评述

本部分从再制造生产决策、再制造生产风险控制、考虑运作对冲策略、考虑金融对冲策略、综合考虑运作对冲和金融对冲策略五个方面进行研究现状述评,以合理借鉴国内外现有研究成果,并在此基础上开展本研究。

一方面,通过回顾与再制造生产决策相关的文献可以发现,学者们对再制造生产决策的研究越来越深入,并由最起初单纯的优化再制造生产决策发展为综合优化生产决策、库存、定价、生产批量等生产要素,甚至拓展到研究再制造生产决策对整个供应链的影响。同时,对再制造不确定性的研究也越来越贴近企业的实际运作,并尝试通过渠道管理、精益生产、模块化生产、合作契约等方式对再制造风险进行有效的管理。然而,尽管有大量文献关注不确定性对再制造生产决策的影响,并提出很多运作管理建议,却很少有文献将再制造商的风险偏好考虑在内,而风险偏好恰恰是影响决策者行为的关键因素之一。为此,本研究在优化再制造生产决策时将把再制造商的风险偏好考虑在内。

另一方面,在经济环境日益变化的情况下,风险管理变得尤为重要。有效地管理生产运作过程中的风险成为很多制造企业获得稳定收益的关键因素之一。为此,很多企业通过柔性采购、柔性生产、资源配置、库存等运作对冲方法应对运作过程中所面临的风险,相关的文献也越来越多。同时,随着金融市场的迅速发展,越来越多的企业和学者开始利用金融对冲策略规避生产经营过程中的风险,利用金融工具对冲来降低企业的生产运作过程中各个环节不确定性因素导致的一系列运营风险。然而,却很少有学者将对冲策略应用到有关再制造生产运作的决策中。为此,本研究将在再制造生产决策的研究基础上,将再制造商的风险偏好考虑在内,并通过引入运作对冲和金融对冲策略管理再制造过程中所面临的风险,以期为相关再制造企业提供可借鉴的管理建议。

2.7 本章小结

为了更加清晰地阐述和论证本研究的研究背景及创新点,本章回顾了再制造生产决策、再制造生产风险控制考虑运作对冲策略、考虑金融对冲策略、综合考虑运作对冲和金融对冲策略五个方面的文献。通过文献综述,我们发现,一方面,随着对再制造生产决策问题研究的不断深入,已有大量文献关注到再制造生产过程中的不确定因素,并通过实证、建模等方式分析了不确定性对再制造商生产决策的影响,但却很少有文献将再制造商的风险偏好考虑在内,而风险偏好恰恰是影响决策者行为的关键因素之一。另一方面,随着金融市场的迅速发展,越来越多的企业和学者开始利用金融对冲策略规避生产经营过程中的风险,然而,却很少有学者将对冲策略应用到有关再制造生产运作的决策中。为此,本研究将借鉴国内外现有的研究成果,在再制造生产决策的研究基础上,将再制造商的风险偏好考虑在内,并通过引入运作对冲和金融对冲策略管理再制造过程中所面临的风险,研究问题具有非常明显的创新性,以期能为相关再制造企业提供可借鉴的管理建议。

第三章　考虑再制造商风险规避的再制造生产决策优化

3.1　引言

风险偏好(Risk Preference or Risk Appetite)是指为了实现目标,企业或个体投资者在承担风险的种类、大小等方面的基本态度。风险就是一种不确定性,决策者面对不确定性所表现出的态度、倾向便是其风险偏好的具体体现。再制造企业的风险偏好与再制造生产决策直接相关,再制造企业在制定生产策略时,应考虑将再制造的收益与其风险偏好结合起来,目的是要帮助企业的管理者在不同策略间选择与企业的风险偏好相一致的运营策略。作为制造商,为了节省企业的资源,减少不必要的浪费,通常是风险规避型的。因此,本研究将假设再制造商是风险规避的。

3.2　问题描述

本章研究一个风险规避的再制造商生产再制造品以满足顾客需求,其中,顾客的需求随机,再制造的产出率随机。再制造商以效用最大化为目标,期初决策再制造品的产量,期末顾客需求实现,未得到满足的需求消失,剩余产品的残值低于销售价格。为了简化模型,假设采购和生产的提前期为 0。本章主要涉及的参数和变量如下:

H　生产周期长度

η　无风险利率

c_r　单位再制造品采购及生产成本

s　剩余产品的残值

U　再制造产出率，$0 < U \leqslant 1$

p　产成品价格，$p > c_r e^{\gamma H}/E(U) \geqslant s > 0$

y　再制造数量

D　顾客需求量，服从一个已知的随机分布，分布函数为 $F_D(x) = P(D \leqslant x)$，密度函数为 $f_D(x)$

θ　再制造商的风险偏好系数，表示再制造商的风险厌恶程度，值越大表示再制造商的风险厌恶程度越高

3.3 模型构建

为了更好地描述与分析风险规避对再制造商生产决策的影响，本节将先构建不考虑再制造商风险偏好的再制造生产决策优化模型，然后构建考虑再制造商风险规避的再制造生产决策优化模型，并在算例分析部分对两个模型进行对比分析。

3.3.1 不考虑再制造商风险规避的生产决策优化模型

假设存在一个风险中性的再制造商在产出随机、需求随机情况下，以效用最大化为目标，期初决策再制造品的产量，期末顾客需求得以实现，未得到满足的需求消失，剩余产品的残值低于销售价格。由于假设其风险偏好为风险中性，$\theta = 0$，所以再制造商的效用函数即为其利润函数。

再制造商的利润函数可以表示为

$$\begin{aligned}\prod(y \mid U,D) &= p\min\{Uy,D\} + s\max\{Uy-D,0\} - c_r e^{\gamma H}Uy \\ &= (p-s)\min\{Uy,D\} + (s-c_r e^{\gamma H})Uy \end{aligned} \tag{3-1}$$

再制造商的优化目标为最大化其期望利润函数

$$\begin{aligned}\max\prod(y \mid U,D) &= E[\prod(y \mid U,D)] \\ &= (p-s)E[\min\{Uy,D\}] + (s-c_r e^{\gamma H})E[U]y \end{aligned} \tag{3-2}$$

本节所构建的模型可以看作产出随机的报童模型。为了后续的证明，给出定理3-1。

定理3-1　期望利润函数 $E[\prod(y \mid U,D)]$ 是再制造量 y 的凹函数，且存在

唯一最优解满足等式 $\frac{E[U1_{\{D>Uy\}}]}{E[U]}=\frac{p-c_re^{\gamma H}}{p-s}$。

证明:求式(3-2)的一阶导数,可得下列等式

$$\frac{\mathrm{d}E[\prod(y\mid U,D)]}{\mathrm{d}y}=(p-s)E[U1_{\{D>Uy\}}]+(p-c_re^{\gamma H})E[U]$$

一方面,令一阶导数等于零,可得最优解 y^* 满足下列等式

$$\frac{E[U1_{\{D>Uy^*\}}]}{E[U]}=\frac{p-c_re^{\gamma H}}{p-s}$$

另一方面,当再制造量 $y\in[0,y^*)$ 时,$E[U1_{\{D>Uy\}}]>E[U1_{\{D>Uy^*\}}]$,即 $\frac{\mathrm{d}E[\prod(y\mid U,D)]}{\mathrm{d}y}>0$;当再制造量 $y\in(y^*,+\infty)$ 时,$E[U1_{\{D>Uy\}}]<E[U1_{\{D>Uy^*\}}]$,即 $\frac{\mathrm{d}E[\prod(y\mid U,D)]}{\mathrm{d}y}<0$。

求期望利润的二阶导数

$$\frac{\mathrm{d}^2E[\prod(y\mid U,D)]}{\mathrm{d}y^2}=-(p-s)E[U^2]f_D(Uy)$$

由于期望利润的二阶导数小于零,所以期望利润函数 $E[\prod(y\mid U,D)]$ 是再制造量 y 的凹函数,且存在唯一最大值满足等式 $\frac{E[U1_{\{D>Uy\}}]}{E[U]}=\frac{p-c_re^{\gamma H}}{p-s}$。

3.3.2　考虑再制造商风险规避的生产决策优化模型

假设存在一个风险规避的再制造商在产出随机、需求随机情况下,再制造商以效用最大化为目标,优化其再制造量。由于假设再制造商的风险偏好为风险规避,即再制造商不仅关注生产收益,而且关注其生产风险问题。那么如何平衡再制造商的风险与收益是再制造商迫切需要解决的问题。马科维茨的均值-方差模型(Mean-Variance,MV)兼顾了决策者的收益和风险,因此本研究采用均值-方差(Mean-Variance,MV)模型刻画再制造商效用。

再制造的利润函数如式(3-1)所示,$\prod(y\mid U,D)=(p-s)\min\{Uy,D\}+(s-c_re^{\gamma H})Uy$,此时,再制造商的优化目标为均值-方差效用最大化

$$\max H(y\mid U,D,\theta)=E[\prod(y\mid U,D)]-\theta Var[\prod(y\mid U,D)]\tag{3-3}$$

接下来，我们运用反证法证明式(3-3)中的均值-方差问题存在非劣的生产数量。一方面，对于给定 $\theta \geqslant 0$，令 $y(\theta)$ 为式(3-3)的一个最优解，则对于任意 y'，$y(\theta)$ 需满足下列不等式

$$E[\prod(y(\theta) \mid U,D)] - \theta Var[\prod(y(\theta) \mid U,D)] \geqslant$$

$$E[\prod(y' \mid U,D)] - \theta Var[\prod(y' \mid U,D)] \tag{3-4}$$

另一方面，假设存在一个 y' 满足式(3-5)和式(3-6)

$$E[\prod(y' \mid U,D)] \geqslant E[\prod(y(\theta) \mid U,D)] \tag{3-5}$$

$$Var[\prod(y' \mid U,D)] \leqslant Var[\prod(y(\theta) \mid U,D)] \tag{3-6}$$

则对于任意给定 $\theta \geqslant 0$，由式(3-5)和式(3-6)可得

$$E[\prod(y' \mid U,D)] - \theta Var[\prod(y' \mid U,D)] \geqslant$$

$$E[\prod(y(\theta) \mid U,D)] - \theta Var[\prod(y(\theta) \mid U,D)]$$

显然，与式(3-4)矛盾。因此，本章中的均值-方差问题包含非劣的生产数量。

为了方便后续的推导，给出定理 3-2 。

定理 3-2 (a) 利润方差 $Var[\prod(y \mid U,D)]$ 是再制造量 y 的非递减函数；(b) 利润方差 $Var[\prod(y \mid U,D)]$ 是关于再制造量 $y \in [0,+\infty)$ 的有界函数，其中，$\lim\limits_{y \to 0} Var[\prod(y \mid U,D)] = 0$，$\lim\limits_{y \to \infty} Var[\prod(y \mid U,D)] = (p-s)^2 Var[D]$。

证明：(a) 根据方差的定义，利润方差可表示为

$$Var[\prod(y \mid U,D)] = E[(\prod(y \mid U,D))^2] - E[\prod(y \mid U,D)]^2$$

通过公式推导可得

$$Var[\prod(y \mid U,D)] =$$

$$(p-s)^2\left[-\left(\int_0^{Uy} F(D)\mathrm{d}D\right)^2 + 2Uy\int_0^{Uy} F_{D|U=u}(D)\mathrm{d}D - 2\int_0^{Uy} DF_{D|U=u}(D)\mathrm{d}D\right]$$

其中，$F_{D|U=u}$ 为产出率为 $U=u$ 时的顾客需求条件概率函数。

求一阶导函数

$$\frac{\mathrm{d}Var[\prod(y \mid U,D)]}{\mathrm{d}y} = 2(p-s)^2 U(1-F(Uy))\int_0^{Uy} F_{D|U=u}(D)\mathrm{d}D$$

通过上述分析可得 $\frac{\mathrm{d}Var[\prod(y\mid U,D)]}{\mathrm{d}y}\geqslant 0$。因此，利润方差 $Var[\prod(y\mid U,D)]$ 是关于再制造量 y 的非递减函数。

(b) 当期望产出量趋近于0时，$Var[\prod(y\mid U,D)]=0$。当期望产出量趋近于无穷时，$\int_0^\infty D^2F_{D|U=u}(Uy)\mathrm{d}D\to\infty$，因此可得 $\lim_{y\to\infty}\int_{Uy}^\infty D^2F_{D|U=u}(D)\mathrm{d}D=0$。

此外，由于 $0\leqslant E[U]y\int_{Uy}^\infty DF_{D|U=u}(D)\mathrm{d}D\leqslant\int_{Uy}^\infty D^2F_{D|U=u}(D)\mathrm{d}D$，$0\leqslant E[U]^2y^2[1-F_{D|U=u}(Uy)]\leqslant\int_{Uy}^\infty D^2F_{D|U=u}(D)\mathrm{d}D$，因此 $\lim_{y\to\infty}E[U]y\int_{Uy}^\infty D^2F_{D|U=u}(D)\mathrm{d}D=0$，$\lim_{y\to\infty}E[U]^2y^2[1-F_{D|U=u}(Uy)]=0$。

通过上述分析可得

$$
\begin{aligned}
&\lim_{y\to\infty}Var[\prod(Y\mid U,D)]\\
&=\lim_{y\to\infty}(p-s)^2\left[\begin{array}{l}-\left(E[U]y-\int_0^{Uy}F_{D|U=u}(D)\mathrm{d}D\right)^2+(E[U]y)^2-2E[U]y\int_0^{Uy}F_{D|U=u}(D)\mathrm{d}D\\+2E[U]y\int_0^{Uy}F_{D|U=u}(D)\mathrm{d}D-2\int_0^{Uy}DF_{D|U=u}(D)\mathrm{d}D\end{array}\right]\\
&=\lim_{y\to\infty}(p-s)^2\left[\begin{array}{l}-\left(\int_0^{Uy}(1-F_{D|U=u}(D))\mathrm{d}D\right)^2+(E[U]y)^2-((E[U]y)^2F_{D|U=u}(Uy)\\-\int_0^{Uy}D^2f_{D|U=u}(D)\mathrm{d}D)\end{array}\right]\\
&=\lim_{y\to\infty}(p-s)^2\left[\begin{array}{l}-\left(\int_0^{Uy}(1-F_{D|U=u}(D))\mathrm{d}D\right)^2+\\\int_0^{Uy}D^2f_{D|U=u}(D)\mathrm{d}D+(E[U]y)^2(1-F_{D|U=u}(Uy))\end{array}\right]\\
&=\lim_{y\to\infty}(p-s)^2\left[-\left(\int_0^{Uy}(1-F_{D|U=u}(D))\mathrm{d}D\right)^2+\int_0^{Uy}D^2f_{D|U=u}(D)\mathrm{d}D\right]\\
&=\lim_{y\to\infty}(p-s)^2[-E^2(D)+E(D^2)]\\
&=(p-s)^2Var[D]
\end{aligned}
$$

通过定理3-1和定理3-2可知，所有在区间$[0,y^*]$上的生产量都是非劣解。对于任意 $\theta\geqslant 0$ 都有 $y(\theta)\leqslant y^*$，即风险规避的再制造商的生产量不大于风险中性的再制造商的生产量。因此，我们可以得到定理3-3。

定理3-3　对于任意 $\theta\geqslant 0$，以均值-方差效用最大化为目标的再制造量 $y(\theta)$

不大于以利润最大化为目标的再制造量 y^*。

因此,我们只需在区间$[0,y^*]$上寻找以均值-方差效用最大化为目标的再制造生产量即可。对目标函数 $H(y\mid U,D,\theta)$ 关于再制造量 y 求导,并令其导数为零,可得

$$g(y,\theta)=\frac{\mathrm{d}H(y\mid U,D,\theta)}{\mathrm{d}y}=E'[\prod(y\mid U,D)]-\theta Var'[\prod(y\mid U,D)]=0 \tag{3-7}$$

对于任意 y,令 $m'(y)=E'[\prod(y\mid U,D)]$,$v'(y)=Var'[\prod(y\mid U,D)]$,$\Theta(y)=m'(y)/v'(y)$。需要指出的是,当没有再制造量 y 满足式(3-7)时,则最优解在边界处,当 $g(0,\theta)\leqslant 0$ 时,$y(\theta)=0$;当 $\theta\geqslant\Theta(0)=m'(0)/v'(0)$ 时,$y(\theta)=y^*$。为了更加清晰地描述以均值-方差效用最大化为目标的最优解,我们给出定理3-4。

定理3-4 对于任意给定 $\theta>0$,均值-方差效用函数是拟凹函数,最优再制造量为 $y(\theta)=\Theta^{-1}(\theta)$。此外,最优再制造量 $y(\theta)$ 随着风险系数 θ 的增大而减小,其中,$y(0)=y^*$,$y(+\infty)=0$。

证明:为了证明 $\Theta(y)$ 在区间$[0,y^*]$上是关于 y 的减函数,我们为每个风险规避系数 $\theta\in[0,\Theta(0)]$ 构建了一个再制造生产函数 $y(\theta)$。一方面,对于任意给定 $\theta>0$,均值-方差效用函数的最优再制造量 $y(\theta)$ 可以通过式(3-7)得到;另一方面,当 $\theta=0$,$\theta\to\infty$ 时,边界条件分别为 $y(0)=y^*$,$y(+\infty)=0$。因此,对于区间$[0,y^*]$上的任意非劣解 y,$\Theta(y)$ 满足式(3-7),即 $\Theta(y)=m'(y)/v'(y)$。由此可得

$$\Theta'(y)=\frac{m''(y)v'(y)-m'(y)v''(y)}{(v'(y))^2}\leqslant 0$$

由于 $m'(y^*)=0$,所以,$\Theta(0)\geqslant 0$,$\Theta(y^*)=0$。因此,随着 y 的值从零增至 y^*,$\Theta(y)$ 的值从 $\Theta(0)$ 降至0。此外,在非劣区间$[0,y^*]$上,$\frac{\mathrm{d}^2H(y\mid U,D,\theta)}{\mathrm{d}y^2}=m''(y)-\theta v''(y)\leqslant 0$,这说明均值-方差效用函数在区间$[0,y^*]$上是凹函数。另一方面,$m(y)$ 在区间$(y^*,+\infty)$上递减,$v(y)$ 在区间$(y^*,+\infty)$上递增。因此对于任意给定 $\theta>0$,均值-方差效用函数是拟凹函数,其最优再制造量满足式(3-7)。对于任意 $\theta\in[0,\Theta(0)]$,取 $\Theta(y)$ 的逆函数,则得到给定风险系数 θ 的最优再制造量

$y(\theta)=\Theta^{-1}(\theta)$。由于 $\Theta(y)$ 随着 y 的增大而减小，因此逆函数 $\Theta^{-1}(\theta)$ 也随着 y 的增大而减小。因此最优再制造量 $y(\theta)$ 随着风险系数 θ 的增大而减小。

3.4　算法设计

由于需求和产出率都是随机的，因此无法用确定性算法求得最优再制造生产量。蒙特卡洛模拟作为一种概率分析法，常被用于分析高维度的不确定性问题及风险问题。因此，接下来我们将通过蒙特卡洛模拟算法优化随机和需求不确定下的再制造生产量。蒙特卡洛模拟的基本思想是：如果所要求解的问题是某种事件出现的概率或某个随机变量的期望值，则可以通过某种试验方法得到这种事件出现的频率或者这个随机变量的平均值，并将其作为该问题的解。蒙特卡洛模拟的分析原理是：假定各项不确定因素是服从某种分布的相互独立的随机变量，通过随机数发生器采用随机抽样的方式抽取满足设定的概率分布的数据作为输入变量，以此为基础得到每个随机变量对应的输出变量，从而得到输出变量的概率分布，通过分析输出变量的期望值、累计概率、标准差及离散系数等来反映决策目标的风险与不确定性，具体模拟过程如图 3-1 所示。

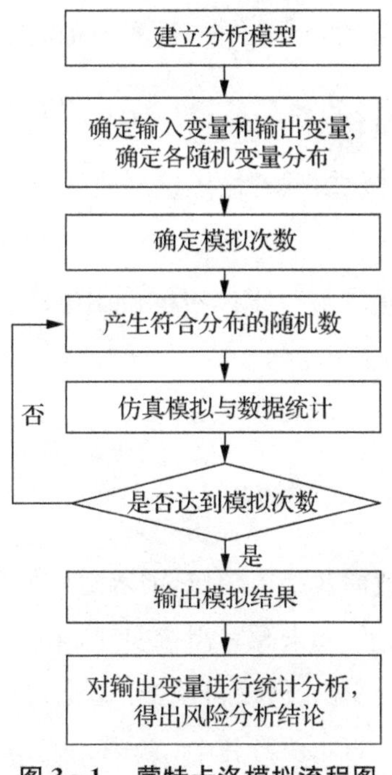

图 3-1　蒙特卡洛模拟流程图

运用蒙特卡洛模拟优化不考虑再制造商风险规避的生产决策优化模型和考虑再制造商风险规避的生产决策优化模型的再制造量的步骤如下：

(1) 确定随机变量和决策变量。随机变量为再制造产出率 U 和顾客需求 D，二者互相独立，服从指定的随机概率分布，决策变量为再制造生产量 y。

(2) 根据随机变量的概率分布生成伪随机数，生成为随机数的方法有很多种，例如直接法、逆转法和接受拒绝法等，本研究将直接用 MATLAB 中的 Random 函数生成伪随机数。

(3) 确定模拟次数。一般来说，模拟次数越多，精度越大，所花费的运行时间也越长。

(4) 模拟结果进行统计分析。

(5) 根据定理 3-1 求出再制造数量。根据定理 3-1 可知，期望利润函数是再制造量的凹函数，且存在唯一最优解满足等式 $E[U1_{\{D>Uy\}}]=\frac{s-c_r e^{\gamma H}}{s-p}E[U]$。因此，首先，当 $i=1$ 时，令再制造量的初始值为 $y(1)=0$，此时 $E[U1_{\{D>Uy(1)\}}]=E[U]<\frac{s-c_r e^{\gamma H}}{s-p}E[U]$；然后，依次增加再制造量 $y(i)=(i-1)\Delta y$，其中 Δy 为再制造量增加步长，直至 $E[U1_{\{D>Uy(i)\}}]\geqslant\frac{s-c_r e^{\gamma H}}{s-p}E[U]$；最后，比较 $\prod(y(i-1)\mid U,D)$ 和 $\prod(y(i)\mid U,D)$，如果 $\prod(y(i-1)\mid U,D)\geqslant\prod(y(i)\mid U,D)$，则不考虑再制造商风险规避的生产决策优化模型的最优再制造量为 $y^*=y(i-1)=(i-2)\Delta y$，否则，$y^*=y(i)=(i-1)\Delta y$。

(6) 根据定理 3-3 和定理 3-4 求出考虑再制造商风险规避的生产决策优化模型最优再制造量，$y(\theta)=\Theta^{-1}(\theta)$。

3.5 算例分析

一个风险规避的再制造商在产出随机、需求随机的情况下，再制造商以效用最大化为目标，优化其再制造量，期末顾客需求实现，未得到满足的需求消失，剩余产品以低于销售价的价格全部卖出。假设再制造产出率 U 服从 $(0.5,1)$ 上的均匀分布，顾客需求服从正态分布 $N(\mu,\sigma^2)$，其中，$\mu=6\ 600$，$\sigma=1\ 500$。产品价格 $p=1$，

再制造成本 $c_r = 0.4$，再制造品剩余价值 $s = 0.1$，再制造商风险系数 $\theta = 0.002$，生产周期 $H = 6$ 个月，无风险利率为 $\eta = 1\%/$ 年。

通过 MATLAB 中的蒙特卡洛模拟，可得到不考虑风险规避的再制造生产决策优化模型和考虑风险规避的再制造生产决策优化模型的最优生产量 y^*，利润期望值 $E[\prod(y \mid U,D)]$，利润方差 $Var[\prod(y \mid U,D)]$，以及均值-方差效用值 $MV[\prod(y \mid U,D)] = E[\prod(y \mid U,D)] - \theta Var[\prod(y \mid U,D)]$，如表 3-1 所示。

表 3-1　算例分析结果

	不考虑风险规避时的模型	考虑风险规避时的模型
y^*	9 438.1	6 751.5
$E[\prod(y \mid U,D)]$	3 128.2	2 760.3
$Var[\prod(y \mid U,D)]$	909 554.7	367 160.8
$MV[\prod(y \mid U,D)]$	3 128.2	2 026.0

由表 3-1 所示，一方面，考虑再制造商风险规避时的最优生产量(6 751.5) 小于不考虑再制造商风险规避时的最优生产量(9 438.1)，考虑再制造商风险规避时的利润方差(367 160.8) 小于不考虑再制造商风险规避时的利润方差(909 554.7)，这表明对于风险规避的再制造商面对需求不确定和产出不确定的风险时，更加倾向于通过降低生产量以规避其运作过程中所面临的风险；另一方面，考虑再制造商风险规避时的期望利润(2 760.3) 低于不考虑再制造商风险规避的期望利润(3 128.2)，这是由于风险规避的再制造商为了规避风险降低了其生产量，因此相应地降低了再制造商的期望利润。此外，面对需求和产出率的不确定性，具有风险规避的再制造商的效用低于风险中性的再制造商的效用，这主要是因为风险规避的再制造商为了缓解其运作风险使得其期望效用降低。通过上述分析可知，在优化再制造生产决策过程中，应该充分考虑再制造商的风险偏好，否则优化结果有可能会与实际再制造商的期望大相径庭，尤其是对于风险规避性比较大的再制造商。

为了进一步分析各个参数对再制造商生产量及效用的影响，接下来我们将对产出率 U、需求标准差 σ 和 风险系数 θ 进行灵敏度分析。

首先，对产出率 U 的均值进行灵敏度分析，在产出率方差和其他参数值不变的情况下，令产出率分别服从 (0.3,0.8)，(0.35,0.85)，(0.4,0.9)，(0.45,0.95)，(0.5,1) 上的均匀分布，即产出率的方差恒为 $\frac{0.5^2}{12}$，均值分别为 0.55，0.6，0.65，0.7，0.75。再制造生产决策优化模型最优生产量 y^*，利润期望值 $E[\prod(y\mid U,D)]$，利润方差 $Var[\prod(y\mid U,D)]$，以及均值-方差效用值 $MV[\prod(y\mid U,D)]$，如表 3-2 所示。随着产出率均值的增大，最优生产量逐渐减小，再制造商期望利润和效用值逐渐增大。尽管最优生产量逐渐减小，但期望产出量 $E(U)y^*$ 却逐渐增大。因此，再制造商期望利润和均值方差效用值也相应地增大。

表 3-2　关于产出率 U 均值的灵敏度分析

U	(0.3,0.8)	(0.35,0.85)	(0.4,0.9)	(0.45,0.95)	(0.5,1)
y^*	8 794.1	8 232.7	7 658.0	7 176.4	6 751.5
$E(U)y^*$	4 836.8	4 939.6	4 977.7	5 023.5	5 063.6
$E[\prod(y\mid U,D)]$	2 624.7	2 676.6	2 707.0	2 737.2	2 760.3
$Var[\prod(y\mid U,D)]$	510 713.3	470 305.8	426 781.7	395 862.8	367 160.8
$MV[\prod(y\mid U,D)]$	1 603.2	1 736.0	1 853.5	1 945.5	2 026.0

其次，对产出率 U 的方差进行灵敏度分析，在产出率均值和其他参数值不变的情况下，令产出率分别服从 (0.7,0.8)，(0.65,0.85)，(0.6,0.9)，(0.55,0.95)，(0.5,1) 上的均匀分布，即产出率的均值恒为 0.75，方差分别为 $\frac{0.1^2}{12}$，$\frac{0.2^2}{12}$，$\frac{0.3^2}{12}$，$\frac{0.4^2}{12}$，$\frac{0.5^2}{12}$。再制造生产决策优化模型最优生产量 y^*，利润期望值 $E[\prod(y\mid U,D)]$，利润方差 $Var[\prod(y\mid U,D)]$，以及均值-方差效用值 $MV[\prod(y\mid U,D)]$，如表 3-3 所示。随着产出率方差的增大，最优生产量逐渐减小，期望利润和均值-方差效用值也逐渐减小。这是由于产出率方差增大，导致整个再制造生产系统的风险增大。作为风险规避型的再制造商，选择降低其生产量，其期望利润和均值-方差效用值也相应地降低。

表 3-3　关于产出率 U 方差的灵敏度分析

U	(0.7,0.8)	(0.65,0.85)	(0.6,0.9)	(0.55,0.95)	(0.5,1)
y^*	7 027.3	6 993.0	6 936.3	6 851.6	6 751.5
$E[\prod(y\mid U,D)]$	2 911.7	2 892.7	2 858.9	2 812.4	2 760.3
$Var[\prod(y\mid U,D)]$	168 795.7	196 517.2	240 008.7	297 807.0	367 160.8
$MV[\prod(y\mid U,D)]$	2 574.1	2 499.7	2 378.9	2 216.8	2 026.0

然后，对需求标准差 σ 进行灵敏度分析，在需求均值和其他参数不变的情况下，令需求标准差 σ 由 250 逐渐增加至 2 500，再制造生产决策优化模型最优生产量 y^*，利润期望值 $E[\prod(y\mid U,D)]$，利润方差 $Var[\prod(y\mid U,D)]$，以及均值-方差效用值 $MV[\prod(y\mid U,D)]$，如表 3-4 所示。随着需求标准差的增加，需求的不确定性增大，最优生产量减小，期望利润和均值-方差效用均降低。风险规避型再制造商为了规避需求风险，降低其再制造量。由于需求风险增大，使得整个再制造运作系统的风险增加，再加上生产量减小，因此期望利润和均值-方差效用均相应地降低。

表 3-4　关于需求标准差 σ 的灵敏度分析

σ	y^*	$E[\prod(y\mid U,D)]$	$Var[\prod(y\mid U,D)]$	$MV[\prod(y\mid U,D)]$
250	9 358.3	3 331.1	108 806.0	3 113.5
500	9 181.2	3 312.2	177 259.5	2 957.7
750	8 848.7	3 273.4	276 466.2	2 720.5
1 000	8 211.7	3 174.2	362 131.0	2 449.9
1 250	7 464.8	2 995.3	384 469.4	2 226.3
1 500	6 760.6	2 763.4	366 272.3	2 030.8
1 750	6 148.1	2 529.5	350 830.5	1 827.8
2 000	5 597.9	2 303.4	332 160.1	1 639.1
2 250	5 078.5	2 085.1	317 095.1	1 450.9
2 500	4 597.6	1 877.6	304 645.4	1 268.3

最后,对风险系数 θ 进行灵敏度分析,在其他参数不变的情况下,令风险系数 θ 由 0 逐渐增加至 0.02,再制造生产决策优化模型最优生产量 y^*,利润期望值 $E[\prod(y \mid U,D)]$,利润方差 $Var[\prod(y \mid U,D)]$,以及均值-方差效用值 $MV[\prod(y \mid U,D)]$,如表 3-5 所示。随着风险系数的增加,再制造商的风险规避程度增加,再制造商的最优生产量减小,期望利润、利润方差和均值-方差效用均相应地降低。

表 3-5 关于风险系数 θ 的灵敏度分析

θ	y^*	$E[\prod(y \mid U,D)]$	$Var[\prod(y \mid U,D)]$	$MV[\prod(y \mid U,D)]$
0	9 438.1	3 128.2	909 554.7	3 128.2
0.002	6 751.5	2 760.3	367 160.8	2 026.0
0.004	5 555.9	2 361.6	229 380.2	1 444.0
0.006	4 558.4	1 968.0	149 127.2	1 073.2
0.008	3 711.4	1 609.6	97 237.1	831.7
0.010	3 033.1	1 316.9	64 924.8	667.7
0.012	2 560.6	1 112.7	46 082.8	559.7
0.014	2 200.8	956.3	33 995.3	480.4
0.016	1 927.8	837.9	26 117.4	420.0
0.018	1 707.3	742.3	20 571.5	372.0
0.020	1 547.7	672.8	16 784.0	337.1

再制造量和均值-方差效用关于风险系数的变化趋势如图 3-2 和图 3-3 所示。随着再制造商风险规避系数的增大,再制造商的最优生产量和均值-方差效用均相应地减小,且减小速度逐渐减缓,说明最优生产量和均值-方差效用对风险系数的敏感程度随着风险系数的增加逐渐降低。这是由于随着再制造商风险系数增大,即再制造商风险厌恶程度增大,再制造生产量降低,随之而来的是利润方差也相应降低,进而减弱了风险系数对均值-方差效用的影响。

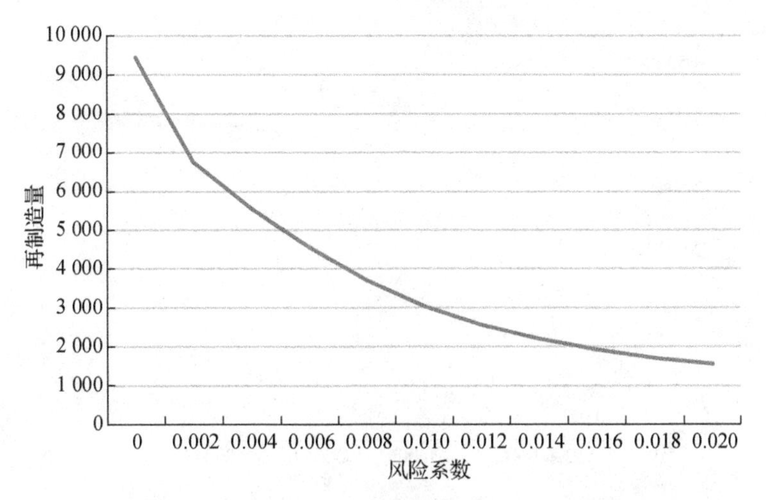

图 3-2　再制造量关于风险系数的变化趋势图

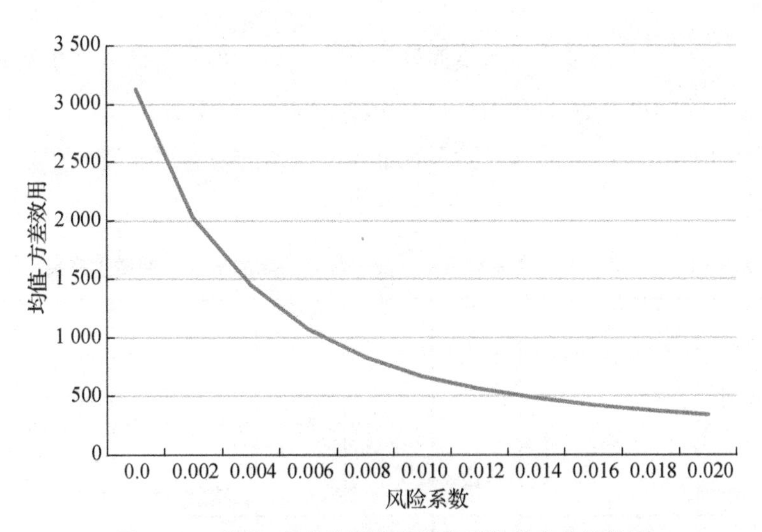

图 3-3　均值-方差效用关于风险系数的变化趋势图

图 3-4 描述了再制造生产风险与利润之间的关系，横轴为利润方差，纵轴为期望利润，所有落在这条曲线上的点是在一定生产运作风险下可以获得的最大利润。风险系数越小，再制造商风险规避程度越小（再制造商愿意承担的风险越大），期望利润越大，即再制造商利润与其愿意承担的风险正相关。由图 3-4 可知，再制造商愿意承担的风险越大，其经营利润也越大，但其边际效用却越来越低。因此，作为风险规避型的再制造商在决策其再制造生产量时，需要同时权衡其利润和风险。

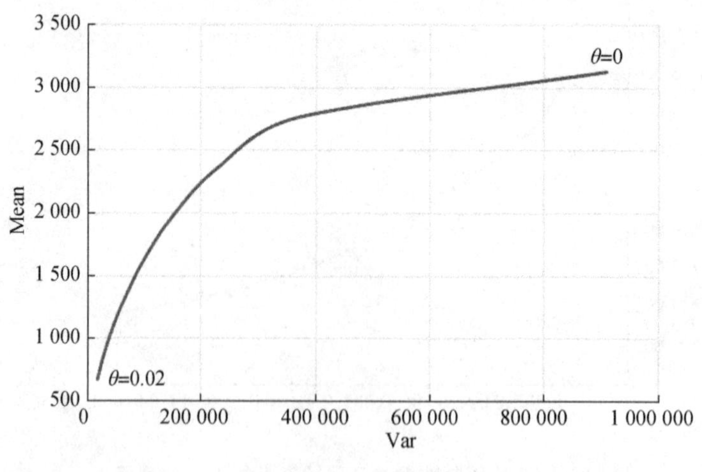

图 3-4 有效边界图

为了进一步探讨再制造商风险偏好和需求风险对再制造商生产决策及其效用的影响，令需求标准差从 250 逐渐增加到 2 500，风险系数从 0.002 逐渐增减到 0.018，得到不同需求标准差和风险系数下再制造商的最优再制造生产量及对应的均值-方差效用，如表 3-6 和表 3-7 所示。

表 3-6 不同需求标准差和风险系数下再制造商的最优再制造生产量 y^*

θ \ σ	250	500	750	1 000	1 250	1 500	1 750	2 000	2 250	2 500
0.002	9 358.3	9 181.2	8 848.7	8 211.7	7 464.8	6 760.6	6 148.1	5 597.9	5 078.5	4 597.6
0.006	9 408.0	9 173.5	8 677.9	5 816.3	5 070.8	4 558.4	4 047.4	3 549.7	3 109.4	2 662.8
0.01	9 424.1	9 169.3	3 109.4	3 109.4	3 099.6	3 050.6	2 850.4	2 551.5	2 237.2	1 892.8
0.014	9 429.7	9 170.7	2 221.1	2 219	2 220.4	2 200.8	2 123.1	1 960.0	1 727.6	1 453.9
0.018	9 433.9	1 726.2	1 727.6	1 714.3	1 726.9	1 707.3	1 677.2	1 563.8	1 400.7	1 178.8

表 3－7　不同需求标准差和风险系数下再制造商的最优均值-方差效用

θ \ σ	250	500	750	1 000	1 250	1 500	1 750	2 000	2 250	2 500
0.002	3 113.5	2 957.7	2 720.5	2 449.9	2 226.3	2 030.8	1 827.8	1 639.1	1 450.9	1 268.3
0.006	2 679.1	2 248.7	1 621.7	1 139.9	1 119.0	1 073.2	992.5	889.4	780.1	658.3
0.01	2 245.1	1 534.5	675.8	675.8	675.4	670.8	645.3	592.8	528.1	443.4
0.014	1 811.3	830.6	482.7	482.3	482.7	480.4	470.1	442.3	396.1	332.9
0.018	1 377.5	375.1	375.4	372.2	375.4	372.0	368.3	348.5	315.9	266.2

由图 3－5 可知，一方面，再制造商最优生产量随着需求标准差的增大而降低；另一方面，在相同的需求标准差下，再制造最优生产量随着风险系数的增大而减小。需要特别指出的是，当需求标准差特别小时，不同风险系数下的再制造生产量差异很小。例如，当 $\sigma = 250$ 时，再制造生产量在风险系数为 0.002，0.006，0.01，0.014，0.018 时的再制造生产量分别为 9 358.3，9 408.0，9 424.1，9 429.7，9 433.9，即当需求风险比较小时，再制造商的风险偏好对生产量的影响较小。此外，通过图 3－4 可以发现，随着需求标准差的增大，不同风险偏好下的再制造生产

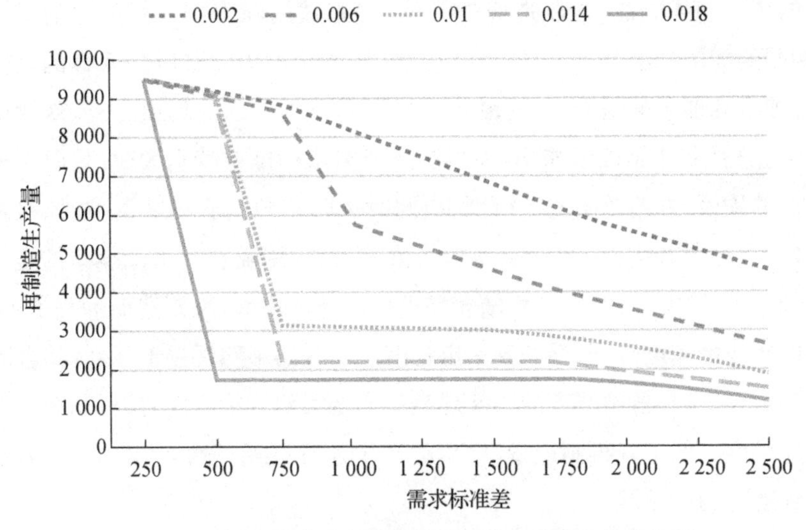

图 3－5　不同需求标准差下再制造商生产量变化趋势图

量的差异先是变大，随后又开始逐渐缩小，即再制造商需求标准差特别大时，风险规避型的再制造商的生产量变得特别少，此时风险系数的影响减弱。总之，再制造商最优生产量随着需求标准差的增大而降低，随着风险系数的增大而减小，再制造风险偏好的影响在需求标准差适中时影响最为明显，在需求标准差特别大或者特别小时的影响被减弱。

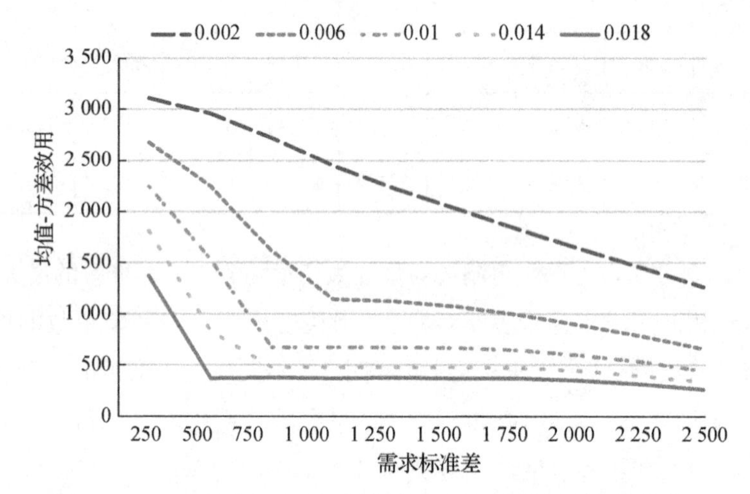

图 3-6　不同需求标准差下再制造商均值-方差效用变化趋势图

图 3-6 描述了不同需求标准差下再制造商均值-方差效用变化趋势，与再制造生产量的变化趋势类似，再制造商的均值-方差效用随着需求标准差的增大而降低，在相同的需求标准差下，再制造商的均值-方差效用随着风险系数的增大而减小。随着需求标准差的增大，不同风险偏好下的再制造商的均值-方差效用的差异先是变大，随后又开始逐渐缩小，即再制造商需求标准差特别大时，风险规避型的再制造商的均值-方差效用变得特别少，此时风险系数的影响减弱。当风险系数比较小时，如 $\sigma = 0.002$ 时，再制造商的均值-方差效用随着需求标准差的增大而逐渐降低，而当风险系数比较大时，随着需求标准差的增大，再制造商的均值-方差效用先是以较快的速度降低，降低到一定程度之后开始平稳缓慢地降低。结合图 3-5 可知，当需求风险和再制造商的风险规避程度增大到一定程度时，再制造商为了规避风险大幅度降低了其再制造量，之后的减少速度开始减缓，因此均值-方差效用的变化程度也相应减缓。

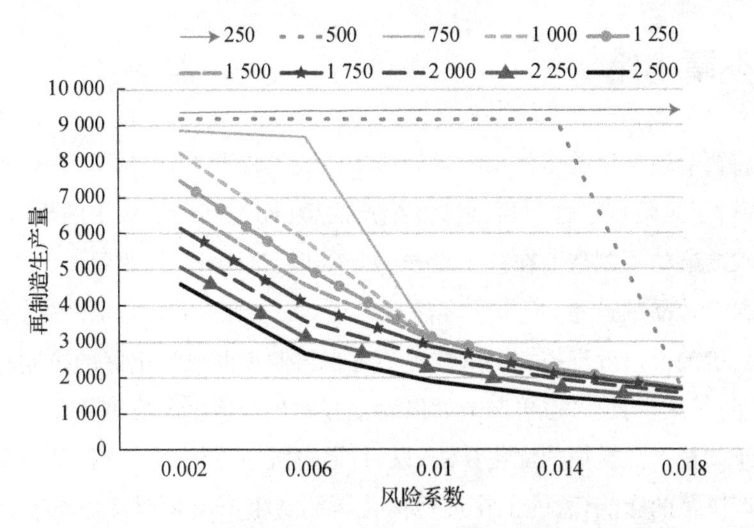

图 3-7　不同风险系数下再制造商生产量变化趋势图

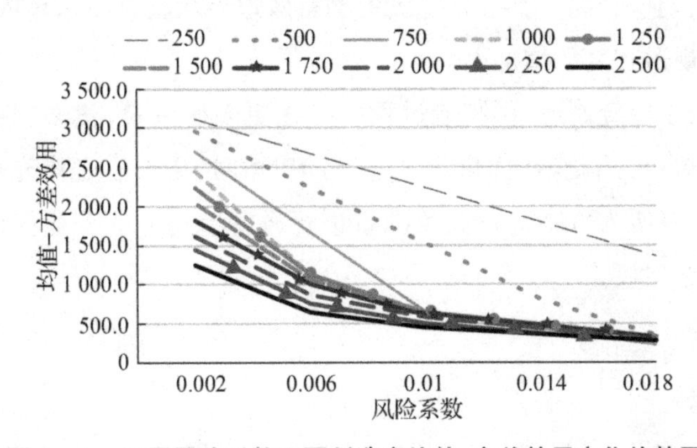

图 3-8　不同风险系数下再制造商均值-方差效用变化趋势图

类似的，图 3-7 和图 3-8 展示了不同风险系数下再制造商生产量和均值-方差效用变化趋势。对比图 3-7 和图 3-8 可知，当需求风险比较小时($\sigma=250,500$)，随着风险系数的增大($\theta\leqslant 0.014$)，尽管再制造生产量的变化幅度不大，但均值-方差效用却稳步降低。再制造商的风险规避程度对再制造量的影响不明显，即对再制造商的期望利润影响不大，但由于风险系数增大，使得再制造商的利润方差效用稳步降低。也就是说再制造风险规避程度对再制造商的均值-方差效用的影响大于对再制造商生产量和利润的影响。这也正说明了在进行优化再制造生产决策时考虑再制造商风险偏好的必要性。

3.6 本章小结

本章将再制造商风险偏好引入再制造生产决策模型中，以均值-方差模型为建模框架，探讨了风险规避性对再制造商生产决策、期望利润及效用的影响。假设存在一个风险规避的再制造商在产出随机、需求随机情况下，以效用最大化为目标，期初决策再制造品的产量，期末顾客需求实现，未得到满足的需求消失，剩余产品以低于销售价的价格处理掉。首先，构建不考虑再制造商风险偏好的再制造生产决策优化模型；其次，构建考虑再制造商风险偏好的再制造生产决策优化模型；然后，设计了基于蒙特卡洛模拟的优化算法；最后，通过数值算例对比分析了风险偏好对再制造生产决策的影响，验证了在进行优化再制造生产决策时考虑再制造商风险偏好的必要性。并对需求风险、产出风险及风险系数进行了灵敏度分析，结果表明再制造生产量、期望利润、均值-方差效用和有效边界均随着需求风险、产出风险和再制造商风险规避程度的增加而减小。

总之，相较于传统制造，再制造过程中存在更多的风险，很多制造企业也因此对再制造望而却步，因此，在优化再制造生产决策时，更加有必要充分考虑再制造商的风险偏好，以便为再制造企业及准备进行再制造业务的企业提供更加实际可借鉴的管理指导建议。

第四章　考虑运作对冲策略的再制造生产决策优化

4.1　引言

企业在生产运作过程中，供、产、销各个环节不确定性因素会导致企业面临一系列的运营风险，应用运作柔性对冲运营风险的行为称为运作对冲。根据Zhao，Huchzermeier[①]，企业可通过以下六方面进行运作对冲：供应柔性、生产过程柔性、需求柔性、网络柔性、时间柔性及混合柔性。其中，供应柔性主要包括多源供应[②]、条件式供应[③]、后备供应[④]、供应商投资[⑤]、库存缓冲[⑥]；生产过程柔性主要包

① Zhao L M, Huchzermeier A. Operations-finance interface models: A literature review and framework[J]. European Journal of Operational Research, 2015, 244(3): 905 - 917.

② Dada M, Petruzzi N C, Schwarz L B. A newsvendor's procurement problem when suppliers are unreliable[J]. Manufacturing & Service Operations Management, 2007, 9(1): 9 - 32.

③ Tomlin B. On the value of mitigation and contingency strategies for managing supply chain disruption risks[J]. Management Science, 2006, 52(5): 639 - 657.

④ Sting F J, Huchzermeier A. Operational hedging and diversification under correlated supply and demand uncertainty[J]. Production and Operations Management, 2014, 23(7): 1212 - 1226.

⑤ Wang Y M, Gilland W, Tomlin B. Mitigating supply risk: Dual sourcing or process improvement? [J]. Manufacturing & Service Operations Management, 2010, 12(3): 489 - 510.

⑥ Tomlin B. On the value of mitigation and contingency strategies for managing supply chain disruption risks[J]. Management Science, 2006, 52(5): 639 - 657.

括生产柔性[1]、产品柔性[2]、模块化生产[3]、新产品发行柔性[4]；需求柔性主要包括需求转换、资源配置[5]、售后服务[6]、市场进入与退出[7]；时间柔性包括提前(推迟)生产或供应[8]。再制造的各个环节中存在很多的不确定性，诸如回收的不确定、产出率的不确定、需求的不确定等。其中，再制造与传统制造最为明显的区别主要为回收环节的不确定性。因此，本章将通过多源采购柔性和后备采购柔性两种运作对冲缓解再制造商供应端的不确定性。多源采购柔性指再制造商通过从多个原材料供应商采购以缓解回收品的供应风险；后备采购柔性指把回收原材料供应商作为主供应商，把新品原材料供应商作为后备供应商，再制造商首先向回收原材料供应商订货，在确定回收原材料的实际产出量后再决定新品原材料的订购量。相较于多源采购中的新品原材料供应商，后备新品原材料供应商的采购价格要大于正常采购时的成本，这是由于后备供应商发货的时间更短，往往需要更多额外的成本。本章将分别构建考虑多源采购柔性的再制造生产决策优化模型和考虑后备采购柔性的再制造生产决策优化模型，并对比两种运作对冲策略的区别及适用情境。与本章相关的文献如表 4-1 所示。

---

① Ding Q, Dong L X, Kouvelis P. On the integration of production and financial hedging decisions in global markets[J]. Operations Research, 2007, 55(3): 470-489.

② van Mieghem J A. Risk mitigation in newsvendor networks: Resource diversification, flexibility, sharing, and hedging[J]. Management Science, 2007, 53(8): 1269-1288.

③ Ernst R, Kamrad B. Evaluation of supply chain structures through modularization and postponement[J]. European Journal of Operational Research, 2000, 124(3): 495-510.

④ Ernst R, Kamrad B. Evaluation of supply chain structures through modularization and postponement[J]. European Journal of Operational Research, 2000, 124(3): 495-510.

⑤ Ding Q, Dong L X, Kouvelis P. On the integration of production and financial hedging decisions in global markets[J]. Operations Research, 2007, 55(3): 470-489.

⑥ Kim H Y, Jolly L, Kim Y K. Future forces transforming apparel retailing in the United States: an environmental scanning approach[J]. Clothing and Textiles Research Journal, 2007, 25(4): 307-322.

⑦ Gamba A, Triantis A J. Corporate risk management: Integrating liquidity, hedging, and operating policies[J]. Management Science, 2014, 60(1): 246-264.

⑧ Kouvelis P, Zhao W H. Financing the newsvendor: Supplier vs. bank, and the structure of optimal trade credit contracts[J]. Operations Research, 2012, 60(3): 566-580.

表 4-1　与本章相关的文献汇总表

文献	运作对冲		生产系统		风险规避
	多源采购	后备采购	制造	再制造	
Jain，Hazra①，	√		√		
Sting，Huchzermeier②		√	√		
Li，Li③；Ray，Jenamani④	√		√		√
Xu，Wang，Dang，et al. ⑤		√	√		√
Fang，Liu，Pardalos，et al. ⑥；Fang，Lai，Huang⑦	√			√	
Aras，Verter，Boyaci⑧；Vercraene，Gayon，Flapper⑨		√		√	
本　章	√	√		√	√

① Jain T，Hazra J. Dual sourcing under suppliers' capacity investments[J]. International Journal of Production Economics，2017，183(1)：103-115.

② Sting F J，Huchzermeier A. Dual sourcing：Responsive hedging against correlated supply and demand uncertainty[J]. Naval Research Logistics，2012，59(1)：69-89.

③ Li X，Li Y J. On the loss-averse dual-sourcing problem under supply disruption[J]. Computers & Operations Research，2018，100(12)：301-313.

④ Ray P，Jenamani M. Mean-variance analysis of sourcing decision under disruption risk[J]. European Journal of Operational Research，2016，250(2)：679-689.

⑤ Xu X S，Wang H W，Dang C Y，et al. The loss-averse newsvendor model with backordering [J]. International Journal of Production Economics，2017，188(6)：1-10.

⑥ Fang C，Liu X B，Pardalos P M，et al. A stochastic production planning problem in hybrid manufacturing and remanufacturing systems with resource capacity planning[J]. Journal of Global Optimization，2017，68(4)：851-878.

⑦ Fang C C，Lai M H，Huang Y S. Production planning of new and remanufacturing products in hybrid production systems[J]. Computers & Industrial Engineering，2017，108(6)：88-99.

⑧ Aras N，Verter V，Boyaci T. Coordination and priority decisions in hybrid manufacturing/remanufacturing systems[J]. Production and Operations Management，2006，15(4)：528-543.

⑨ Vercraene S，Gayon J P，Flapper S D. Coordination of manufacturing，remanufacturing and returns acceptance in hybrid manufacturing/remanufacturing systems [J]. International Journal of Production Economics，2014，148(2)：62-70.

4.2 问题描述

本章将分别研究考虑多源采购柔性的再制造生产决策优化问题和考虑后备采购柔性的再制造生产决策优化问题。假设回收品原材料的成本低但产出率随机,新品原材料的成本高但产出率确定。在考虑多源采购柔性的再制造生产决策优化问题中,原材料市场存在一个原材料供应商和多个回收原材料供应商,再制造商期初决策从各个供应商处采购原材料的数量,以达到效用最大化的目的。在考虑后备采购柔性的再制造生产决策优化问题中,再制造商首先从回收原材料供应商处订购回收原材料进行再制造活动,在明确回收原材料的实际产出率后再决定从后备新品原材料供应商处的采购量,以达到效用最大化的目的。

本节主要涉及的参数和变量如下:

H　生产周期长度

η　无风险利率

c_m　单位新品采购及制造成本

c_r　单位再制造品采购及生产成本

c_d　单位后备产品采购及生产成本,其中 $c_d > c_m > c_r$

s　剩余产品的残值

U^i　第 i 种回收原材料的产出率,$0 < U^i \leqslant 1$

p　产成品价格,$p > c_m e^{\eta H} > c_r e^{\eta H}/E(U) \geqslant s > 0$

y_m　新品原材料的采购量

y_r^i　从第 i 个回收原材料供应商处所采购的原材料量

Y　实际产出量,$Y = y_m + \sum_{i=1}^{n} U^i y_r^i$

D　顾客需求量,服从一个已知的随机分布,分布函数为 $F_D(x) = P(D \leqslant x)$,密度函数为 $f_D(x)$.

θ　再制造商的风险偏好系数

n　回收原材料供应商的数量

4.3 模型构建

4.3.1 考虑多源采购柔性的再制造生产决策优化模型

在考虑多源采购柔性的再制造生产决策优化问题中，假设顾客的需求随机，再制造的产出率随机，一个风险规避的再制造商期初从一个原材料供应商和多个回收原材料供应商采购原材料，并将其全部用于制造和再制造生产活动，以满足顾客需求。假设再制造品的品质与新品没有差异，顾客认可度与销售价格与新品相同。再制造商以效用最大化为目标，期初决策新品和再制造品的产量，期末顾客需求实现，未得到满足的需求消失，剩余产品的残值低于销售价格，假设采购和生产的提前期为 0。考虑多源采购柔性的再制造生产流程如图 4-1 所示。

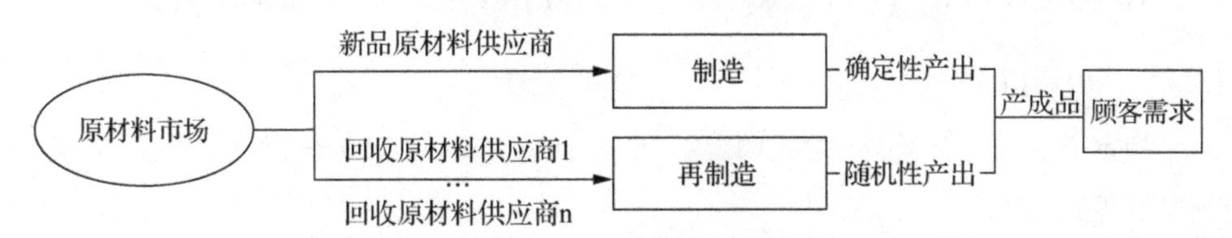

图 4-1 考虑多源采购柔性的再制造生产系统

为了更加清楚地描述模型，我们将先构建包含一个原材料供应商和一个回收原材料供应商的模型，然后推广到包含一个原材料供应商和多个回收原材料供应商的模型。

4.3.1.1 考虑两个供应商的再制造生产决策优化模型

一个具有风险偏好的再制造商从两个供应商(一个新品原材料供应商和一个回收原材料供应商)采购新品原材料和回收原材料，然后全部用于制造/再制造生产活动，即再制造商对新品/回收原材料的采购量即为制造量/再制造量。再制造商需要在期初决策新品原材料的采购量 y_m 和回收原材料的采购量 y_r，期末的收益可以表示为

$$\begin{aligned}\prod(Y \mid U,D) &= p\min\{y_m + Uy_r, D\} + s\,(y_m + Uy_r - D)^+ - (c_m y_m + c_r U y_r)e^{\eta H} \\ &= (p-s)\min\{y_m + Uy_r, D\} + s(y_m + Uy_r) - (c_m y_m + c_r U y_r)e^{\eta H}\end{aligned} \tag{4-1}$$

再制造商的决策目标为均值-方差函数最大化

$$\max H(Y \mid U,D,\theta) = E[\prod(Y \mid U,D)] - \theta Var[\prod(Y \mid U,D)] \tag{4-2}$$

由于我们假设 $c_m e^{\gamma H} > c_r e^{\gamma H}/E(U)$，即单位新品原材料的成本大于单位期望回收原材料的成本，当再制造商风险中性时，再制造商的均值-方差效用函数即为其期望利润函数。此时，如果回收原材料可无限供应，则再制造商只选择成本更低的再制造活动，不采购全新的原材料进行制造活动，即再制造不选择运作对冲策略，因此我们可以得出定理 4-1。

定理4-1 当再制造商为风险中性且回收原材料没有供应约束时，$\theta=0$，再制造商不进行运作对冲操作。

由于决策目标为均值-方差效用最大化，因此需要同时考虑利润函数的均值和方差，是一个多目标规划问题。我们将运用帕累托方法优化目标函数。$Y = y_m + Uy_r$ 占优当且仅当 $E[\prod(Y' \mid U,D)] \geqslant E[\prod(Y \mid U,D)]$ 和 $Var[\prod(Y' \mid U,D)] \leqslant Var[\prod(Y \mid U,D)]$ 同时成立，且至少有一个为严格不等式。

给定 $\theta \geqslant 0$，令 $Y(\theta)$ 为式(4-2) 的一个最优解，则对于任意 Y'，$Y(\theta)$ 需满足下列不等式

$$E[\prod(Y(\theta) \mid U,D)] - \theta Var[\prod(Y(\theta) \mid U,D)] \geqslant E[\prod(Y' \mid U,D)] - \theta Var[\prod(Y' \mid U,D)] \tag{4-3}$$

其中，Y' 满足式(4-4) 和式(4-5)

$$E[\prod(Y' \mid U,D)] \geqslant E[\prod(Y(\theta) \mid U,D)] \tag{4-4}$$

$$Var[\prod(Y' \mid U,D)] \leqslant Var[\prod(Y(\theta) \mid U,D)] \tag{4-5}$$

由式(4-4) 和式(4-5) 可得

$E[\prod(Y' \mid U,D)] - \theta Var[\prod(Y' \mid U,D)] \geqslant E[\prod(Y(\theta) \mid U,D)] - \theta Var[\prod(Y(\theta) \mid U,D)]$，显然，与式(4-3) 矛盾。因此，本节中的均值-方差效用问题包含非劣的生产数量。为了方便后续的推导，给出定理 4-2 和定理 4-3。

定理 4-2 期望利润函数 $E[\prod(Y \mid U,D)]$ 是实际产出量 $Y = y_m + Uy_r$ 的凹函数，存在唯一最优组合解 $Y^* = (y_m + Uy_r)_{\max\_E}$。

证明：再制造商的期望利润函数可表示为

$$E[\prod(Y\mid U,D)]=(p-s)\Big[\Big(y_m+y_r\int_0^1 uf(u)\mathrm{d}u\Big)\int_Y^{+\infty} f_{D|U=u}(D)\mathrm{d}D$$
$$+\int_0^Y Df_{D|U=u}(D)\mathrm{d}D\Big]+s\Big(y_m+y_r\int_0^1 uf(u)\mathrm{d}u\Big)-\Big(c_my_m+c_ry_r\int_0^1 uf(u)\mathrm{d}u\Big)e^{\eta H}$$

对期望利润函数关于新品原材料的采购量 y_m 和回收原材料的采购量 y_r 求一阶偏导，可得下列等式

$$\frac{\mathrm{d}E[\prod(Y\mid U,D)]}{\mathrm{d}y_m}=(p-s)\int_{y_m+Uy_r}^{+\infty} f_{D|U=u}(D)\mathrm{d}D+s-c_me^{\eta H}$$
$$=-(p-s)F_{D|U=u}(y_m+Uy_r)+p-c_me^{\eta H}$$

$$\frac{\mathrm{d}E[\prod(Y\mid U,D)]}{\mathrm{d}y_r}=(p-s)E\Big[U\mid\int_{y_m+Uy_r}^{+\infty} f_{D|U=u}(D)\mathrm{d}D\Big]+[s-c_re^{\eta H}]E[U]$$
$$=-(p-s)E[U\mid_{\{D>y_m+Uy_r\}}]+[p-c_re^{\eta H}]E[U]$$

令一阶偏导为零可得最优生产组合满足下列等式

$$F_{D|U=u}(y_m^*+Uy_r)=\frac{p-c_me^{\eta H}}{p-s}\tag{4-6}$$

$$\frac{E[U\mid_{\{D>y_m+Uy_r^*\}}]}{E[U]}=\frac{p-c_re^{\eta H}}{p-s}\tag{4-7}$$

求期望利润函数的二阶导数

$$\frac{\mathrm{d}^2E[\prod(Y\mid U,D)]}{\mathrm{d}y_m^2}=-(p-s)f_{D|U=u}(y_m+Uy_r)$$

$$\frac{\mathrm{d}^2E[\prod(Y\mid U,D)]}{\mathrm{d}y_r^2}=-(p-s)E[U]^2f_{D|U=u}(y_m+Uy_r)$$

$$\frac{\mathrm{d}^2E[\prod(Y\mid U,D)]}{\mathrm{d}y_m\mathrm{d}y_r}=\frac{\mathrm{d}^2E[\prod(Y\mid U,D)]}{\mathrm{d}y_r\mathrm{d}y_m}=-(p-s)E[U]f_{D|U=u}(y_m+Uy_r)$$

通过上述分析可得，海森矩阵负定，即期望利润函数 $E[\prod(Y\mid U,D)]$ 是关于制造和再制造生产量 y_m，y_r 的凹函数，即是实际产出量 $Y=y_m+Uy_r$ 的凹函数。因此，存在唯一最优组合解 $Y^*=(y_m+Uy_r)_{\max\_E}$。

定理4-3　(a) 利润方差 $Var[\prod(Y\mid U,D)]$ 是新品原材料的采购量 y_m 和回收原材料的采购量 y_r 的非递减函数；(b) 利润方差 $Var[\prod(Y\mid U,D)]$ 是关于实际产出量 $Y=y_m+Uy_r\in[0,+\infty)$ 的有界函数，$\lim\limits_{Y\to 0}Var[\prod(Y\mid U,D)]=0$，

$\lim\limits_{Y\to\infty}Var[\prod(Y\mid U,D)]=(p-s)^2Var[D]$。

证明:根据方差的定义,利润方差可表示为

$$Var[\prod(Y\mid U,D)]=E[(\prod(Y\mid U,D))^2]-E[\prod(Y\mid U,D)]^2$$

通过公式推导可得

$$Var[\prod(Y\mid U,D)]$$
$$=(p-s)^2\times\begin{bmatrix}-\left(\int_0^{y_m+Uy_r}F_{D|U=u}(D)\mathrm{d}D\right)^2\\+2(y_m+Uy_r)\int_0^{y_m+Uy_r}F_{D|U=u}(D)dD-2\int_0^{y_m+Uy_r}DF_{D|U=u}(D)\mathrm{d}D\end{bmatrix}$$

求一阶偏导函数

$$\frac{\mathrm{d}Var[\prod(Y\mid U,D)]}{\mathrm{d}y_m}$$
$$=2(p-s)^2\begin{bmatrix}-F_{D|U=u}(y_m+Uy_r)\int_0^{y_m+Uy_r}F_{D|U=u}(D)\mathrm{d}D+\int_0^{y_m+Uy_r}F_{D|U=u}(D)\mathrm{d}D\\+(y_m+E[U]y_r)F_{D|U=u}(y_m+Uy_r)-(y_m+E[U]y_r)F_{D|U=u}(y_m+Uy_r)\end{bmatrix}$$
$$=2(p-s)^2(1-F_{D|U=u}(y_m+Uy_r))\int_0^{y_m+Uy_r}F_{D|U=u}(D)\mathrm{d}D$$

$$\frac{\mathrm{d}Var[\prod(Y\mid U,D)]}{\mathrm{d}y_r}$$
$$=2(p-s)^2\begin{bmatrix}-E[U]F_{D|U=u}(y_m+Uy_r)\int_0^{y_m+Uy_r}F_{D|U=u}(D)\mathrm{d}D+E[U]\int_0^{y_m+Uy_r}F_{D|U=u}(D)\mathrm{d}D\\+E[U](y_m+Uy_r)F_{D|U=u}(y_m+Uy_r)-E[U](y_m+Uy_r)F_{D|U=u}(y_m+Uy_r)\end{bmatrix}$$
$$=2(p-s)^2U(1-F_{D|U=u}(y_m+Uy_r))\int_0^{y_m+Uy_r}F_{D|U=u}(D)\mathrm{d}D$$

通过上述分析可得 $\frac{\mathrm{d}Var[\prod(Y\mid U,D)]}{\mathrm{d}y_m}\geqslant 0$,$\frac{\mathrm{d}Var[\prod(Y\mid U,D)]}{\mathrm{d}y_r}\geqslant 0$。因此,利润方差 $Var[\prod(Y\mid U,D)]$ 是关于新品原材料的采购量 y_m 和回收原材料的采购量 y_r 的非递减函数。

(b) 当期望产出量趋近于0时,$Var[\prod(Y\mid U,D)]=0$。当期望产出量趋近于无穷时,$\int_0^\infty D^2F_{D|U=u}(Y)\mathrm{d}D<\infty$,因此可得 $\lim\limits_{Y\to\infty}\int_Y^\infty D^2F_{D|U=u}(D)\mathrm{d}D=0$。此外,由

于 $0 \leqslant Y\int_{Y}^{\infty} DF_{D|U=u}(D)\mathrm{d}D \leqslant \int_{Y}^{\infty} D^2 F_{D|U=u}(D)\mathrm{d}D$，$0 \leqslant Y^2[1-F_{D|U=u}(Y)] \leqslant \int_{Y}^{\infty} D^2 F_{D|U=u}(D)\mathrm{d}D$，因此 $\lim\limits_{Y\to\infty} Y\int_{Y}^{\infty} D^2 F_{D|U=u}(D)\mathrm{d}D = 0$，$\lim\limits_{Y\to\infty} Y^2[1-F_{D|U=u}(Y)] = 0$。

通过上述分析可得

$$\begin{aligned}
&\lim_{Y\to\infty} Var\left[\prod(Y\mid U,D)\right]\\
&=\lim_{Y\to\infty}(p-s)^2\begin{bmatrix}-\left(Y-\int_0^Y F_{D|U=u}(D)\mathrm{d}D\right)^2+Y^2-2Y\int_0^Y F_{D|U=u}(D)\mathrm{d}D\\ +2Y\int_0^Y F_{D|U=u}(D)dD-2\int_0^Y DF_{D|U=u}(D)\mathrm{d}D\end{bmatrix}\\
&=\lim_{Y\to\infty}(p-s)^2\left[-\left(\int_0^Y(1-F_{D|U=u}(D))\mathrm{d}D\right)^2+\int_0^Y D^2 f_{D|U=u}(D)\mathrm{d}D\right]\\
&=\lim_{Y\to\infty}(p-s)^2\left[-E^2(D)+E(D^2)\right]\\
&=(p-s)^2 Var[D]
\end{aligned}$$

通过定理 4-2 和定理 4-3 可知，所有在区间$[0,y_m^*]$上的新品原材料采购量和区间$[0,y_r^*]$上的回收原材料采购量都是非劣解。因此，对于任意 $\theta \geqslant 0$ 都有 $y_m(\theta) \leqslant y_m^*$，$y_r(\theta) \leqslant y_r^*$，即风险规避的再制造商的制造/再制造量均不大于风险中性的再制造商的制造/再制造量。因此，我们可以得到定理 4-4。

定理 4-4　对于任意 $\theta \geqslant 0$，以均值-方差效用最大化为目标的新品原材料采购量 $y_m(\theta)$ 和回收原材料采购量 $y_r(\theta)$ 均不大于以利润最大化为目标的新品原材料采购量 y_m^* 和回收原材料采购量 y_r^*。

因此，我们只需在区间$[0,y_m^*]$和区间$[0,y_r^*]$上优化新品原材料采购量和回收原材料采购量即可。

4.3.1.2　考虑多个供应商的再制造生产决策优化模型

一个风险规避的再制造商从多个供应商(一个新品原材料供应商和 n 个回收原材料供应商)采购进行生产活动。再制造商需要在期初决策新品原材料的采购量 y_m 和从第 i 个回收原材料供应商处的采购量 y_r^i，其中，从第 i 个回收原材料供应商处采购的原材料的产出率为 U^i。假设不同供应商的产出率互相独立，$Y = y_m + \sum_{i=1}^{n} U^i y_r^i$ 为实际产出量。令 $\boldsymbol{U} = \{U^1, U^2, \cdots, U^n\}$ 为再制造产出率的集合，$\boldsymbol{y}_r = \{y_r^1,$

$y_r^2,\cdots,y_r^n\}$ 为再制造数量的集合，则实际产出量可表示为 $Y=y_m+\boldsymbol{U}\boldsymbol{y}_r^{\mathrm{T}}$。

生产周期末再制造商的收益可以表示为

$$\begin{aligned}\prod(Y\mid \boldsymbol{U},D)&=p\min\{y_m+\boldsymbol{U}\boldsymbol{y}_r^{\mathrm{T}},D\}+s(y_m+\boldsymbol{U}\boldsymbol{y}_r^{\mathrm{T}}-D)^{+}-(c_my_m+c_r\boldsymbol{U}\boldsymbol{y}_r^{\mathrm{T}})e^{\eta H}\\&=(p-s)\min\{y_m+\boldsymbol{U}\boldsymbol{y}_r^{\mathrm{T}},D\}+s(y_m+\boldsymbol{U}\boldsymbol{y}_r^{\mathrm{T}})-(c_my_m+c_r\boldsymbol{U}\boldsymbol{y}_r^{\mathrm{T}})e^{\eta H}\end{aligned}\tag{4-8}$$

再制造商的决策目标为均值-方差函数最大化

$$\max H(Y\mid \boldsymbol{U},D,\theta)=E[\prod(Y\mid \boldsymbol{U},D)]-\theta Var[\prod(Y\mid \boldsymbol{U},D)]\tag{4-9}$$

由于决策目标为均值-方差效用最大化，因此，需要同时考虑利润函数的均值和方差，是一个多目标规划问题。我们将运用帕累托方法优化目标函数。$Y=y_m+\boldsymbol{U}\boldsymbol{y}_r^{\mathrm{T}}$ 占优当且仅当 $E[\prod(Y'\mid \boldsymbol{U},D)]\geqslant E[\prod(Y\mid \boldsymbol{U},D)]$ 和 $Var[\prod(Y'\mid \boldsymbol{U},D)]\leqslant Var[\prod(Y\mid \boldsymbol{U},D)]$ 同时成立，且至少有一个为严格不等式。

给定 $\theta\geqslant 0$，令 $Y(\theta)$ 为式(4-9)的一个最优解，则对于任意 Y'，$Y(\theta)$ 需满足下列不等式

$$\begin{aligned}&E[\prod(Y(\theta)\mid \boldsymbol{U},D)]-\theta Var[\prod(Y(\theta)\mid U,D)]\geqslant\\&\quad E[\prod(Y'\mid \boldsymbol{U},D)]-\theta Var[\prod(Y'\mid \boldsymbol{U},D)]\end{aligned}\tag{4-10}$$

其中，Y' 满足式(4-11)和式(4-12)

$$E[\prod(Y'\mid \boldsymbol{U},D)]\geqslant E[\prod(Y(\theta)\mid \boldsymbol{U},D)]\tag{4-11}$$

$$Var[\prod(Y'\mid \boldsymbol{U},D)]\leqslant Var[\prod(Y(\theta)\mid \boldsymbol{U},D)]\tag{4-12}$$

由式(4-11)和式(4-12)可得

$E[\prod(Y'\mid \boldsymbol{U},D)]-\theta Var[\prod(Y'\mid \boldsymbol{U},D)]\geqslant E[\prod(Y(\theta)\mid \boldsymbol{U},D)]-\theta Var[\prod(Y(\theta)\mid \boldsymbol{U},D)]$，显然，与式(4-10)矛盾。因此，本节中的均值-方差效用问题包含非劣的生产数量。

为了方便后续的推导，给出定理4-5和定理4-6。

定理 4-5 期望利润函数 $E[\prod(Y\mid \boldsymbol{U},D)]$ 是实际产出量 $Y=y_m+\boldsymbol{U}\boldsymbol{y}_r^{\mathrm{T}}$ 的凹函数，存在唯一最优组合解 $Y^*=(y_m+\boldsymbol{U}\boldsymbol{y}_r^{\mathrm{T}})_{\max\_E}$。

证明：求式(4-8)的一阶偏导函数并令其为零，可得下列等式

$$\frac{\mathrm{d}E[\prod(Y\mid \boldsymbol{U},D)]}{\mathrm{d}y_m}=(p-s)\int_{y_m+\boldsymbol{U}\boldsymbol{y}_r^{\mathrm{T}}}^{+\infty}f_{D|\boldsymbol{U}=\boldsymbol{u}}(D)\mathrm{d}D+s-c_m e^{\eta H}$$

$$=-(p-s)F_{D|U=u}(y_m+\boldsymbol{U}\boldsymbol{y}_r^{\mathrm{T}})+s-c_m e^{\eta H}$$

$$\frac{dE[\prod(Y\mid \boldsymbol{U},D)]}{\mathrm{d}y_r^i}=(p-s)U^i\int_{y_m+Uy_r^{\mathrm{T}}}^{+\infty}f_{D|U=u}(D)\mathrm{d}D+sU^i-c_r e^{\eta H}$$

$$=-(p-s)U^iF_{D|\boldsymbol{U}=\boldsymbol{u}}(y_m+\boldsymbol{U}\boldsymbol{y}_r^{\mathrm{T}})+pU^i-c_r e^{\eta H}$$

因此，最优生产组合满足下列等式

$$F_{D|\boldsymbol{U}=\boldsymbol{u}}(y_m^*+U^iy_r^i)=\frac{p-c_m e^{\eta H}}{p-s} \tag{4-13}$$

$$F_{D|\boldsymbol{U}=\boldsymbol{u}}(y_m+U^iy_r^{i*})=\frac{pU^i-c_r e^{\eta H}}{p-s} \tag{4-14}$$

求期望利润函数的二阶偏导数

$$\frac{\mathrm{d}^2E[\prod(Y\mid \boldsymbol{U},D)]}{\mathrm{d}y_m^2}=-(p-s)f_{D|U=u}(y_m+\boldsymbol{U}\boldsymbol{y}_r^{\mathrm{T}})$$

$$\frac{\mathrm{d}^2E[\prod(Y\mid \boldsymbol{U},D)]}{\mathrm{d}y_r^{i2}}=-(p-s)U^{i2}f_{D|\boldsymbol{U}=\boldsymbol{u}}(y_m+\boldsymbol{U}\boldsymbol{y}_r^{\mathrm{T}})$$

$$\frac{\mathrm{d}^2E[\prod(Y\mid \boldsymbol{U},D)]}{\mathrm{d}y_m\mathrm{d}y_r^i}=\frac{\mathrm{d}^2E[\prod(Y\mid \boldsymbol{U},D)]}{\mathrm{d}y_r^i\mathrm{d}y_m}=-(p-s)U^if_{D|U=u}(y_m+\boldsymbol{U}\boldsymbol{y}_r^{\mathrm{T}})$$

$$\frac{\mathrm{d}^2E[\prod(Y\mid \boldsymbol{U},D)]}{\mathrm{d}y_r^i\mathrm{d}y_r^j}=\frac{\mathrm{d}^2E[\prod(Y\mid \boldsymbol{U},D)]}{\mathrm{d}y_r^i\mathrm{d}y_r^j}=-(p-s)U^iU^jf_{D|U=u}(y_m+\boldsymbol{U}\boldsymbol{y}_r^{\mathrm{T}})$$

通过上述分析可得，海森矩阵负定，即期望利润函数 $E[\prod(Y\mid \boldsymbol{U},D)]$ 是关于新品原材料采购量 y_m 和从第 i 个回收原材料供应商处的采购量 y_r^i 的凹函数，即是实际产出量 $Y=y_m+\boldsymbol{U}\boldsymbol{y}_r^{\mathrm{T}}$ 的凹函数。因此，存在唯一最优组合解 $Y^*=(y_m+\boldsymbol{U}\boldsymbol{y}_r^{\mathrm{T}})_{\max\_E}$。

定理 4-6　(a) 利润方差 $Var[\prod(Y\mid \boldsymbol{U},D)]$ 是新品原材料采购量 y_m 和从第 i 个回收原材料供应商处的采购量 y_r^i 的非递减函数；(b) 利润方差 $Var[\prod(Y\mid \boldsymbol{U},D)]$ 是关于实际产出量 $Y=y_m+\boldsymbol{U}\boldsymbol{y}_r^{\mathrm{T}}\in[0,+\infty)$ 的有界函数，$\lim\limits_{Y\to 0}Var[\prod(Y\mid \boldsymbol{U},D)]=0$，$\lim\limits_{Y\to\infty}Var[\prod(Y\mid \boldsymbol{U},D)]=(p-s)^2Var[D]$。

证明：根据方差的定义，利润方差可表示为

$$Var[\prod(Y \mid \boldsymbol{U},D)]=E[(\prod(Y \mid \boldsymbol{U},D))^2]-E[\prod(Y \mid \boldsymbol{U},D)]^2$$

通过公式推导可得

$$
\begin{aligned}
&Var[\prod(Y \mid \boldsymbol{U},D)] \\
&=(p-s)^2\times\begin{bmatrix}-\left(\int_0^{y_m+\boldsymbol{U}\boldsymbol{y}_r^{\mathrm{T}}}F_{D|\boldsymbol{U}=\boldsymbol{u}}(D)\mathrm{d}D\right)^2 \\ +2(y_m+\boldsymbol{U}\boldsymbol{y}_r^{\mathrm{T}})\int_0^{y_m+\boldsymbol{U}\boldsymbol{y}_r^{\mathrm{T}}}F_{D|U=u}(D)\mathrm{d}D-2\int_0^{y_m+\boldsymbol{U}\boldsymbol{y}_r^{\mathrm{T}}}DF_{D|\boldsymbol{U}=\boldsymbol{u}}(D)\mathrm{d}D\end{bmatrix}
\end{aligned}
$$

求一阶偏导函数

$$
\begin{aligned}
&\frac{\mathrm{d}Var[\prod(Y \mid \boldsymbol{U},D)]}{\mathrm{d}y_m} \\
&=2(p-s)^2\begin{bmatrix}-F(y_m+\boldsymbol{U}\boldsymbol{y}_r^{\mathrm{T}})\int_0^{y_m+\boldsymbol{U}\boldsymbol{y}_r^{\mathrm{T}}}F_{D|\boldsymbol{U}=\boldsymbol{u}}(D)\mathrm{d}D+\int_0^{y_m+\boldsymbol{U}\boldsymbol{y}_r^{\mathrm{T}}}F_{D|\boldsymbol{U}=\boldsymbol{u}}(D)\mathrm{d}D \\ +(y_m+\boldsymbol{U}\boldsymbol{y}_r^{\mathrm{T}})F_{D|\boldsymbol{U}=\boldsymbol{u}}(y_m+\boldsymbol{U}\boldsymbol{y}_r^{\mathrm{T}})-(y_m+\boldsymbol{U}\boldsymbol{y}_r^{\mathrm{T}})F_{D|\boldsymbol{U}=\boldsymbol{u}}(y_m+U\,y_r^{T})\end{bmatrix} \\
&=2(p-s)^2(1-F_{D|\boldsymbol{U}=\boldsymbol{u}}(y_m+\boldsymbol{U}\boldsymbol{y}_r^{\mathrm{T}}))\int_0^{y_m+\boldsymbol{U}\boldsymbol{y}_r^{\mathrm{T}}}F_{D|\boldsymbol{U}=\boldsymbol{u}}(D)\mathrm{d}D
\end{aligned}
$$

$$
\begin{aligned}
&\frac{\mathrm{d}Var[\prod(Y \mid \boldsymbol{U},D)]}{\mathrm{d}y_r^i} \\
&=2(p-s)^2\begin{bmatrix}-U^iF_{D|U=u}(y_m+\boldsymbol{U}\boldsymbol{y}_r^{\mathrm{T}})\int_0^{y_m+\boldsymbol{U}\boldsymbol{y}_r^{\mathrm{T}}}F_{D|\boldsymbol{U}=\boldsymbol{u}}(D)\mathrm{d}D+U^i\int_m^{y}+\boldsymbol{U}\boldsymbol{y}_{r\,0}^{\mathrm{T}}F_{D|\boldsymbol{U}=\boldsymbol{u}}(D)\mathrm{d}D \\ +U^i(y_m+\boldsymbol{U}\boldsymbol{y}_r^{\mathrm{T}})F_{D|\boldsymbol{U}=\boldsymbol{u}}(y_m+\boldsymbol{U}\boldsymbol{y}_r^{\mathrm{T}})-U^i(y_m+\boldsymbol{U}\boldsymbol{y}_r^{\mathrm{T}})F_{D|\boldsymbol{U}=\boldsymbol{u}}(y_m+\boldsymbol{U}\boldsymbol{y}_r^{T})\end{bmatrix} \\
&=2(p-s)^2U^i(1-F_{D|\boldsymbol{U}=\boldsymbol{u}}(y_m+\boldsymbol{U}\boldsymbol{y}_r^{\mathrm{T}}))\int_0^{y_m+\boldsymbol{U}\boldsymbol{y}_r^{\mathrm{T}}}F_{D|\boldsymbol{U}=\boldsymbol{u}}(D)\mathrm{d}D
\end{aligned}
$$

通过上述分析可得 $\frac{\mathrm{d}Var[\prod(Y \mid \boldsymbol{U},D)]}{\mathrm{d}y_m}\geqslant 0,\frac{\mathrm{d}Var[\prod(Y \mid \boldsymbol{U},D)]}{\mathrm{d}y_r^i}\geqslant 0$。因此，利润方差 $Var[\prod(Y \mid \boldsymbol{U},D)]$ 是关于新品原材料采购量 y_m 和从第 i 个回收原材料供应商处的采购量 y_r^i 的非递减函数。

(b) 当实际产出量趋近于0时，显然，$\lim\limits_{Y\to 0}Var[\prod(Y \mid \boldsymbol{U},D)]=0$。当期望产出量趋近于无穷时，$\int_0^{\infty}D^2F_{D|\boldsymbol{U}=\boldsymbol{u}}(Y)\mathrm{d}D<\infty$，因此可得 $\lim\limits_{Y\to\infty}\int_Y^{\infty}D^2F_{D|\boldsymbol{U}=\boldsymbol{u}}(D)\mathrm{d}D=0$。此外，由于 $0\leqslant Y\int_Y^{\infty}DF_{D|\boldsymbol{U}=\boldsymbol{u}}(D)\mathrm{d}D\leqslant\int_Y^{\infty}D^2F_{D|\boldsymbol{U}=\boldsymbol{u}}(D)\mathrm{d}D$，$0\leqslant Y^2[1-F_{D|\boldsymbol{U}=\boldsymbol{u}}(Y)]$

$\leqslant \int_Y^{\infty} D^2 F_{D|\boldsymbol{U}=\boldsymbol{u}}(D)\mathrm{d}D$，因此 $\lim\limits_{Y\to\infty} Y\int_Y^{\infty} D^2 F_{D|\boldsymbol{U}=\boldsymbol{u}}(D)\mathrm{d}D = 0$，$\lim\limits_{Y\to\infty} Y^2[1-F_{D|\boldsymbol{U}=\boldsymbol{u}}(Y)] = 0$。

通过上述分析可得

$$\lim_{Y\to\infty} Var[\prod(Y \mid \boldsymbol{U}, D)]$$

$$= \lim_{Y\to\infty}(p-s)^2\begin{bmatrix} -\left((Y)-\int_0^Y F_{D|\boldsymbol{U}=\boldsymbol{u}}(D)\mathrm{d}D\right)^2 + Y^2 - 2Y\int_0^Y F_{D|\boldsymbol{U}=\boldsymbol{u}}(D)\mathrm{d}D \\ +2Y\int_0^Y F_{D|\boldsymbol{U}=\boldsymbol{u}}(D)\mathrm{d}D - 2\int_0^Y DF_{D|\boldsymbol{U}=\boldsymbol{u}}(D)\mathrm{d}D \end{bmatrix}$$

$$= \lim_{Y\to\infty}(p-s)^2\left[-\left(\int_0^Y (1-F_{D|\boldsymbol{U}=\boldsymbol{u}}(D))\mathrm{d}D\right)^2 + Y^2 - \left(Y^2 F_{D|\boldsymbol{U}=\boldsymbol{u}}(Y) - \int_0^Y D^2 f_{D|\boldsymbol{U}=\boldsymbol{u}}(D)\mathrm{d}D\right)\right]$$

$$= \lim_{Y\to\infty}(p-s)^2\left[-\left(\int_0^Y (1-F_{D|\boldsymbol{U}=\boldsymbol{u}}(D))\mathrm{d}D\right)^2 + \int_0^Y D^2 f_{D|\boldsymbol{U}=\boldsymbol{u}}(D)\mathrm{d}D + Y^2\left(1-F_{D|\boldsymbol{U}=\boldsymbol{u}}(Y)\right)\right]$$

$$= \lim_{Y\to\infty}(p-s)^2\left[-\left(\int_0^Y (1-F_{D|\boldsymbol{U}=\boldsymbol{u}}(D))\mathrm{d}D\right)^2 + \int_0^Y D^2 f_{D|\boldsymbol{U}=\boldsymbol{u}}(D)\mathrm{d}D\right]$$

$$= \lim_{Y\to\infty}(p-s)^2[-E^2(D)+E(D^2)]$$

$$= (p-s)^2 Var[D]$$

通过定理 4－5 和定理 4－6 可知，所有在区间$[0, y_m^*]$上的新品原材料采购量和区间$[0, y_r^{i*}]$上的回收原材料采购量都是非劣解。因此，对于任意 $\theta \geqslant 0$ 都有 $y_m(\theta) \leqslant y_m^*$，$y_r^i(\theta) \leqslant y_r^{i*}$，即风险规避的再制造商的制造／再制造量均不大于风险中性的再制造商的制造／再制造量。因此，我们可以得到定理 4－7。

定理 4－7　对于任意 $\theta \geqslant 0$，以均值-方差效用最大化为目标的新品原材料采购量 $y_m(\theta)$ 和从第 i 个回收原材料供应商处的采购量 $y_r^i(\theta)$ 均不大于以利润最大化为目标的新品原材料采购量 y_m^* 和第 i 个回收原材料供应商处的采购量 y_r^{i*}。

因此，我们只需在区间$[0, y_m^*]$和区间$[0, y_r^{i*}]$上优化新品原材料采购量和回收原材料采购量即可。

4.3.2　考虑后备采购柔性的再制造生产决策优化模型

在考虑后备采购柔性的再制造生产决策优化问题中，顾客的需求随机，再制造的产出率随机。一个风险规避的再制造商首先从一个回收原材料供应商处采购回收原材料进行再制造活动，再制造产出率确定后，再制造商从后备新品原材料供应商处采购新品原材料进行制造活动。假设再制造品的品质与新品没有差异，顾客认可度与销售价格与新品相同。再制造商以效用最大化为目标，期初决策新品和再制造品的产量，期末顾客需求实现，未得到满足的需求消失，剩余产品的残值低于销售价格，假设采购和生产的提前期为 0。考虑后备采购柔性的再制造生产流程如图 4-2 所示。

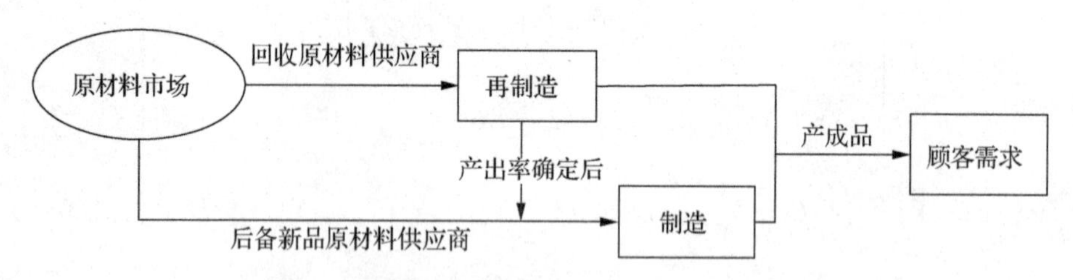

图 4-2　考虑后备采购柔性的再制造生产系统

一个具有风险偏好的再制造商首先从回收原材料供应商处采购回收原材料进行再制造生产活动，在回收原材料产出率确定之后，再制造商可以从后备原材料供应商处采购新品原材料。因此，考虑后备采购柔性的再制造生产决策问题可以看作一个两阶段优化问题：第一阶段决策回收原材料的采购量 y_r，第二阶段决策新品原材料的采购量 y_d，我们采用逆向归纳法进行优化求解。

令 $\overline{U}$ 为回收原材料的实际产出率，对给定回收原材料的采购量 y_r，再制造商第二阶段的利润函数可以表示为

$$\prod(y_d \mid y_r,\overline{U},D)=(p-s)\min\{y_d+\overline{U}y_r,D\}+s(y_d+\overline{U}y_r)-(c_d y_d+c_r\overline{U}y_r)e^{\eta H} \tag{4-15}$$

期望利润函数为

$$E\left[\prod(y_d \mid y_r,\overline{U},D)\right]=(p-s)\left[(y_d+\overline{U}y_r)\int_{y_d+\overline{U}y_r}^{+\infty}f_D(D)\mathrm{d}D+\int_0^{y_d+\overline{U}y_r}Df_D(D)\mathrm{d}D\right]+s(y_d+\overline{U}y_r)-(c_d y_d+c_r\overline{U}y_r)e^{\eta H} \tag{4-16}$$

对期望利润函数 $E[\prod(y_d \mid y_r,\overline{U},D)]$ 关于 y_d 求导

$$\frac{\mathrm{d}E\left[\prod(y_d \mid y_r,\overline{U},D)\right]}{\mathrm{d}y_d}=-(p-s)F_D(y_d+\overline{U}y_r)+p-c_d e^{\eta H}$$

令导数为零可得 $y_d^*=F_D^{-1}\left(\dfrac{p-c_d e^{\eta H}}{p-s}\right)-\overline{U}y_r$。当后备原材料采购量 $y_d<y_d^*$

时，$F_D(y_d+\bar{U}y_r)<F_D(y_d^*+\bar{U}y_r)$，即 $\dfrac{\mathrm{d}E[\prod(y_d\mid y_r,\bar{U},D)]}{\mathrm{d}y_d}>\dfrac{\mathrm{d}E[\prod(y_d^*\mid y_r,\bar{U},D)]}{\mathrm{d}y_d}=0$；当后备原材料采购量 $y_d>y_d^*$ 时，$F_D(y_d+\bar{U}y_r)>F_D(y_d^*+\bar{U}y_r)$，即$\dfrac{\mathrm{d}E[\prod(y_d\mid y_r,\bar{U},D)]}{\mathrm{d}y_d}<\dfrac{\mathrm{d}E[\prod(y_d^*\mid y_r,\bar{U},D)]}{\mathrm{d}y_d}=0$。因此，再制造期望利润最大化时的最优后备原材料采购量为

$$y_d^*=F_D^{-1}\left(\frac{p-c_de^{\eta H}}{p-s}\right)-\bar{U}y_r$$

需要指出的是，如果 $F_D^{-1}\left(\dfrac{p-c_de^{\eta H}}{p-s}\right)-\bar{U}y_r\leqslant 0$，则再制造期望利润最大化时的最优后备原材料采购量为零，因此我们给出定理 4-8。

定理 4-8　对于任意给定回收原材料的采购量 y_r，再制造期望利润最大化时的后备原材料的最优采购量为 $y_d^*=\max\left\{F_D^{-1}\left(\dfrac{p-c_de^{\eta H}}{p-s}\right)-\bar{U}y_r,0\right\}$。

通过上述分析可知，在考虑后备采购柔性的再制造生产决策优化模型中，再制造商后备采购量是回收原材料采购量的函数。因此，本模型中的决策变量只有一个回收原材料采购量 y_r。再制造商第一阶段的利润函数可以表示为

$$\begin{aligned}\prod(y_r\mid U,D)&=p\min\{y_d^*+Uy_r,D\}+s(y_d^*+Uy_r-D)^+-(c_dy_d^*+c_rUy_r)e^{\eta H}\\&=(p-s)\min\{y_d^*+Uy_r,D\}+(s-c_de^{\eta H})(y_d^*+Uy_r)+(c_d-c_r)Uy_re^{\eta H}\end{aligned}\tag{4-17}$$

情境 1：当 $F_D^{-1}\left(\dfrac{p-c_de^{\eta H}}{p-s}\right)-\bar{U}y_r\geqslant 0$ 时，最优后备原材料的最优采购量为 $y_d^*=F_D^{-1}\left(\dfrac{p-c_de^{\eta H}}{p-s}\right)-\bar{U}y_r$，再制造商第一阶段的期望利润函数可以表示为

$$\begin{aligned}&E_1[\prod(y_r\mid U,D)]\\&=(p-s)\left[F_D^{-1}\left(\frac{p-c_de^{\eta H}}{p-s}\right)\int_{F_D^{-1}\left(\frac{p-c_de^{\eta H}}{p-s}\right)}^{+\infty}f_D(D)\mathrm{d}D+\int_0^{F_D^{-1}\left(\frac{p-c_de^{\eta H}}{p-s}\right)}Df_D(D)\mathrm{d}D\right]\\&+(s-c_de^{\eta H})F_D^{-1}\left(\frac{p-c_de^{\eta H}}{p-s}\right)+(c_d-c_r)E[U]y_re^{\eta H}\end{aligned}\tag{4-18}$$

对 $E_1[\prod(y_r\mid U,D)]$ 关于 y_r 求导

$$\frac{\mathrm{d}E_1[\prod(y_r \mid U,D)]}{\mathrm{d}y_r}=(c_d-c_r)E[U]e^{\eta H}$$

由于 $c_d > c_r$，所以 $\frac{\mathrm{d}E_1[\prod(y_r \mid U,D)]}{\mathrm{d}y_r}>0$。因此，再制造商期望利润最大化的最优回收原材料采购量为

$$y_r^* = \frac{F_D^{-1}\left(\frac{p-c_d e^{\eta H}}{p-s}\right)}{E[U]} \tag{4-19}$$

情境 2：当 $F_D^{-1}\left(\frac{p-c_d e^{\eta H}}{p-s}\right)-\bar{U}y_r<0$ 时，最优后备原材料的最优采购量为零。此时，再制造商第一阶段的期望利润函数可以表示为

$$E_2[\prod(y_r \mid U,D)]$$

$$=(p-s)\left[E[U]y_r\int_{Uy_r}^{+\infty}f_{D|U=u}(D)\mathrm{d}D+\int_0^{Uy_r}Df_{D|U=u}(D)\mathrm{d}D\right]+(s-c_r e^{\eta H})E[U]y_r \tag{4-20}$$

对 $E_2[\prod(y_r \mid U,D)]$ 关于 y_r 求一阶导数和二阶导数

$$\frac{\mathrm{d}E_2[\prod(y_r \mid U,D)]}{\mathrm{d}y_r}=(p-s)E\left[U \mid \int_{Uy_r}^{+\infty}f_{D|U=u}(D)\mathrm{d}D\right]+(s-c_r e^{\eta H})E[U]$$

$$=-(p-s)E[U \mid_{\{D>Uy_r\}}]+[p-c_r e^{\eta H}]E[U]$$

$$\frac{\mathrm{d}^2E_2[\prod(y_r \mid U,D)]}{\mathrm{d}y_r^2}=-(p-s)E[U]^2f_{D|U=u}(Uy_r)$$

由于 $\frac{\mathrm{d}^2E_2[\prod(y_r \mid U,D)]}{\mathrm{d}y_r^2}<0$，所以，$E_2[\prod(y_r \mid U,D)]$ 是关于 y_r 的严格凹函数。因此，令 $\frac{\mathrm{d}E_2[\prod(y_r \mid U,D)]}{\mathrm{d}y_r}=0$，可知使得再制造商期望利润最大化的最优回收原材料采购量 y_r^* 满足等式

$$\frac{E[U \mid_{\{D>Uy_r^*\}}]}{E[U]}=\frac{p-c_r e^{\eta H}}{p-s} \tag{4-21}$$

通过上述对两种情境的分析，我们可得定理 4-9。

定理 4-9　再制造商的期望利润在区间 $[0,\underline{y}_r]$ 上递增，在区间 $[\bar{y}_r,\infty]$ 上递

减，使得再制造商期望利润最大化的回收原材料采购量在区间$[\underline{y}_r,\bar{y}_r]$上，其中$\underline{y}_r = \dfrac{F_D^{-1}\left(\dfrac{p-c_d e^{\eta H}}{p-s}\right)}{E[U]}$，$\bar{y}_r$满足等式$\dfrac{E[U \mid_{\{D>U\bar{y}_r\}}]}{E[U]} = \dfrac{p-c_r e^{\eta H}}{p-s}$。

另一方面，根据方差的定义及其计算公式，再制造商的利润方差可以分别表示为

$$Var[\prod(y_r \mid U,D)] = Var_1[\prod(y_r \mid U,D)]P\left(F_D^{-1}\left(\frac{p-c_d e^{\eta H}}{p-s}\right)-Uy_r \geqslant 0\right)$$
$$+Var_2[\prod(y_r \mid U,D)]P\left(F_D^{-1}\left(\frac{p-c_d e^{\eta H}}{p-s}\right)-Uy_r < 0\right)$$
$$=(p-s)^2\times\left[-\left(\int_0^{Uy_r}F_{D|U=u}(D)dD\right)^2+2Uy_r\int_0^{Uy_r}F_{D|U=u}(D)\mathrm{d}D-2\int_0^{Uy_r}DF_{D|U=u}(D)\mathrm{d}D\right] \tag{4-22}$$

由此可知，再制造商的利润方差是关于回收原材料采购量y_r，再制造产出率U和顾客需求D的函数。

对$Var[\prod(y_r \mid U,D)]$关于回收原材料采购量y_r求导可得

$$\frac{\mathrm{d}Var[\prod(y_r \mid U,D)]}{\mathrm{d}y_r}=2(p-s)^2U(1-F_{D|U=u}(Uy_r))\int_0^{Uy_r}F_{D|U=u}(D)\mathrm{d}D$$

由于$\dfrac{\mathrm{d}Var[\prod(y_r \mid U,D)]}{\mathrm{d}y_r}>0$，所以利润方差$Var[\prod(y_r \mid U,D)]$是关于回收原材料采购量$y_r$的非递减函数。

通过上述分析，我们可以给出定理4-10。

定理4-10　再制造商的利润方差$Var[\prod(y_r \mid U,D)]$是关于回收原材料采购量y_r的非递减函数。

再制造商的均值-方差效用函数可以表示为

$$\max H(y_m \mid y_r,U,D,\theta)=E[\prod(y_m \mid y_r,U,D)]-\theta Var[\prod(y_m \mid y_r,U,D)] \tag{4-23}$$

根据定理4-9和定理4-10可知，再制造商的期望利润在区间$[\bar{y}_r,\infty]$上递减，而再制造商的利润方差$Var[\prod(y_r \mid U,D)]$是关于回收原材料采购量y_r的非递减函数，因此，使得再制造商的均值-方差效用最大化的回收原材料采购量在区

间$[0,\bar{y}_r]$上。因此,我们可以给出定理 4-11。

定理 4-11 再制造商均值-方差效用最大化的回收原材料采购量在区间$[0,\bar{y}_r]$上,其中 $\bar{y}_r$满足等式$\frac{E[U|_{\{D>U\bar{y}_r\}}]}{E[U]}=\frac{p-c_r e^{\eta H}}{p-s}$。

4.4 算法设计

本章将分布运用蒙特卡洛模拟算法和遍历算法设计考虑多源采购柔性的再制造生产决策问题的优化算法和考虑后备采购柔性的再制造生产决策问题的优化算法。在考虑多源采购柔性的再制造生产决策问题中,当存在多个再制造供应商时,再制造商需要先对再制造供应商进行排序,然后从高到低依次选择再制造商。本研究主要研究多源采购柔性对再制造生产运作的影响,假定再制造产出率服从一个随机分布,不受其他因素的影响,因此再制造供应商之间是平等的,此时,多个再制造供应商可以简化为一个再制造供应商。因此,接下来,我们主要就存在一个新品原材料供应商和一个回收原材料供应商的情况设计求解算法。具体步骤如下:

(1) 确定随机变量和决策变量。随机变量为再制造产出率$\boldsymbol{U}$和顾客需求 D,二者互相独立,服从特定的随机概率分布;决策变量为新品原材料的采购量 y_m和从第 i 个回收原材料供应商处的采购量 y_r^i。

(2) 根据随机变量的概率分布,用 MATLAB 中的 Random 函数生成伪随机数。

(3) 确定模拟次数。

对模拟结果进行统计分析。

(4) 根据定理 4-2 求出期望利润最大化时的新品原材料量 y_m^*和回收原材料的采购量 y_r^*。首先,当 $i=1$ 时,令新品原材料初始采购数量为 0,$y_m(1)=0$,根据式(4-14) 计算出回收原材料的采购数量,并计算出均值-方差效用值;然后,依次提高新品原材料的采购数量,计算出相应的回收原材料的采购数量和均值-方差效用值,并比较均值-方差效用值 $H(i-1)$ 和 $H(i)$,如果 $H(i-1)>H(i)$,则停止循环,$y_m(i-1)$ 及对应的回收原材料采购数量即为所要求得的结果。

(5) 根据定理 4-4 遍历区间$[0,y_m^*]$和区间$[0,y_r^*]$上的均值-方差效用值,使得均值-方差效用值最大的 y_m和 y_r 即为的新品原材料和回收原材料的最优采购量。类似的，我们可以根据定理 4－11 可知，考虑后备采购柔性模型中，使得再制造商均值-方差效用最大化的回收原材料采购量在区间$[0,\bar{y}_r]$上。因此，首先根据定理 4－11 用蒙特卡洛模拟法求出 $\bar{y}_r$。然后，令回收原材料的采购量 y_r 从零增加至 $\bar{y}_r$，并根据实际产出率 $\bar{U}$ 和定理 4－8 求出后备原材料的采购量 $y_d^* = \max\left\{F_D^{-1}\left(\frac{p-c_d e^{\eta H}}{p-s}\right)-\bar{U}y_r, 0\right\}$ 和相应的均值-方差效用值。使得均值-方差效用值最大的 y_r 即为的考虑后备采购柔性的再制造生产决策优化模型的回收原材料的最优采购量。

4.5　算例分析

算例 1：一个风险规避的再制造商在产出随机、需求随机的情况下，再制造商采用多源采购柔性策略，以效用最大化为目标，优化其再制造量和制造量，期末顾客需求实现，未得到满足的需求消失，剩余产品以低于销售价的价格全部卖出。制造的产出率为 1，再制造产出率 U 服从(0.5,1) 上的均匀分布，顾客需求服从正态分布 $N(\mu,\sigma^2)$，其中，$\mu=6\ 600$，$\sigma=1\ 500$。产品价格 $p=1$，再制造成本 $c_r=0.4$，制造成本 $c_m=0.6$，产成品剩余价值 $s=0.1$，再制造商风险系数 $\theta=0.004$，生产周期 $H=6$ 月，无风险利率为 $\eta=1\%/$ 年。

通过 MATLAB 中的蒙特卡洛模拟，得到的结果如表 4－2 所示。不考虑采购柔性的再制造生产决策优化模型的最优回收原材料采购量为 5 555.9，期望利润值为 2 361.6，利润方差为 229 380.2，以及均值-方差效用值为 1 444.0；考虑多源采购柔性的再制造生产决策优化模型的最优回收原材料采购量为 2 951.9，新品原材料采购量为 2 275.3，期望利润值为 2 066.4，利润方差为 106 372.5，以及均值-方差效用值为 1 640.9。根据算例分析结果可知，尽管考虑多源采购柔性模型的期望利润均值和有效生产量小于不考虑采购柔性模型的期望利润均值和有效生产量，但由于考虑多源采购柔性模型的期望利润方差远大于不考虑采购柔性模型的期望利润方差，使得考虑多源采购柔性模型的均值-方差效用值大于不考虑采购柔性模型的均值-方差效用值，即考虑多源采购柔性的模型有效地缓解了再制造运作风险，提高了再制造商的运作效率及其效用。

表 4-2　算例 1 分析结果

	y^*			E	Var	MV
	y_m^*	y_r^*	Y			
不考虑多源采购柔性的模型	0	5 555.9	5 070.5	2 361.6	229 380.2	1 444.0
考虑多源采购柔性的模型	2 275.3	2 951.9	4 489.2	2 066.4	106 372.5	1 640.9

为了进一步探讨多源采购柔性对风险规避型再制造商生产决策的影响，接下来将对风险系数、再制造产出率和需求标准差进行灵敏度分析，并对不考虑采购柔性的再制造生产决策模型和考虑多源采购柔性的再制造生产决策模型进行对比分析。

在其他参数值不变的情况下，令风险系数从 0 逐渐升至为 0.020，求解结果如表 4-3 所示。

表 4-3　算例 1 关于风险系数 θ 的灵敏度分析

θ	不考虑采购柔性的模型				考虑多源采购柔性的模型				
	y^*	E	Var	MV	y_m^*	y_r^*	E	Var	MV
0	9 436.3	3 136.4	886 444.3	3 136.4	0.0	3 136.4	3 136.4	886 444.3	3 136.4
0.002	6 760.6	2 763.4	366 272.3	2 030.8	0.0	6 760.6	2 763.4	366 272.3	2 030.8
0.004	5 555.9	2 361.6	229 380.2	1 444.0	2 275.3	2 951.9	2 066.4	106 372.5	1 640.9
0.006	4 558.4	1 968.0	149 127.2	1 073.2	2 782.1	1 924.0	1 828.3	57 389.1	1 484.0
0.008	3 711.4	1 609.6	97 237.1	831.7	2 977.0	1 443.8	1 702.0	38 746.5	1 392.1
0.010	3 033.1	1 316.9	64 924.8	667.7	3 068.7	1 157.3	1 614.7	28 986.8	1 324.9
0.012	2 560.6	1 112.7	46 082.8	559.7	3 087.0	987.3	1 552.2	22 967.4	1 276.6
0.014	2 200.8	956.3	33 995.3	480.4	3 129.5	812.4	1 494.0	18 780.5	1 231.0
0.016	1 927.8	837.9	26 117.4	420.0	3 114.3	721.0	1 450.6	15 783.0	1 198.1
0.018	1 707.3	742.3	20 571.5	372.0	3 108.4	637.1	1 414.6	13 600.2	1 169.8
0.020	1 547.7	672.8	16 784.0	337.1	3 093.0	574.6	1 381.3	11 883.0	1 143.6

制造和再制造量关于风险系数的变化趋势如图 4-3 所示。一方面，在不考虑采购柔性的模型中，再制造量随着风险系数的增大而减小；在考虑多源采购柔性的模型中，回收原材料采购量随着风险系数的增大而减小，新品原材料采购量随着风险系数的增大而增大；另一方面，在两个模型中期望有效生产量 $E[U]y^*$ 和 $Y = y_m^*$

$+E[U]y_r^*$ 均随着风险系数的增大而减小，但考虑多源采购柔性模型中的期望有效生产量始终大于考虑采购柔性模型中的期望有效生产量，且二者之间的差距越来越大。结合图 4－4 所描述的均值-方差效用关于风险系数的变化趋势可知，多源采购柔性的作用随着风险系数的增大变得越来越显著，即对于风险规避程度越大的再制造商，越有必要进行多源采购柔性，且效果更加显著，而当再制造商风险规避程度比较小时，多源采购柔性的效果不显著。

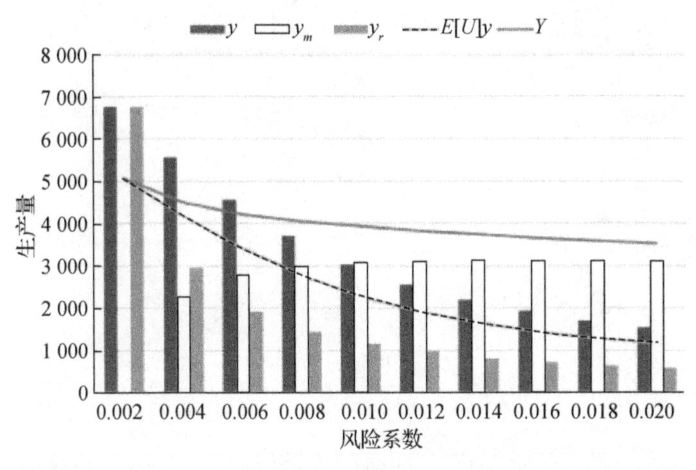

注：y：原材料采购总量，y_m：新品原材料采购量，y_r：回收原材料采购量；Y：实际产出量，下同。

图 4－3　制造量和再制造量关于风险系数的变化趋势图

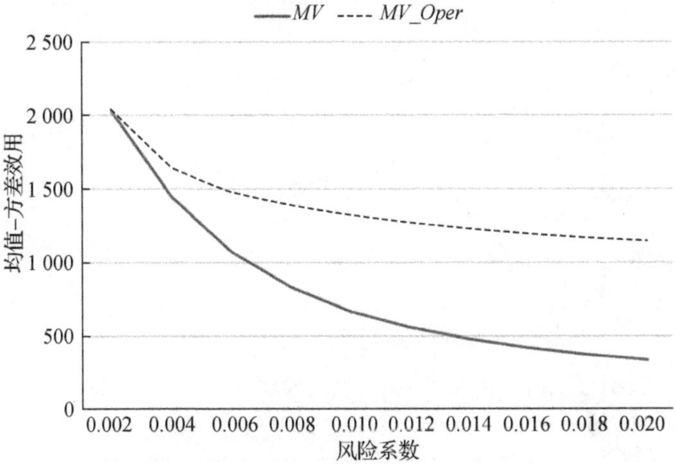

注：MV：不考虑采购柔性模型的均值-方差效用值，MV_Oper：考虑多源采购柔性模型的均值-方差效用值，下同。

图 4－4　均值-方差效用关于风险系数的变化趋势图

对比图4-5不考虑采购柔性的有效边界图和图4-6考虑多源采购柔性的有效边界图可知，当风险系数比较小时，二者的有效边界差异不大；而随着风险系数的增大，二者的有效边界差异变得越来越大，这说明再制造商风险系数越大，多源采购柔性的作用效果越显著。因此，相较于风险中性或者风险规避程度比较小的再制造商，风险规避程度大的再制造商更加倾向于运用多源采购柔性来规避其运作风险。

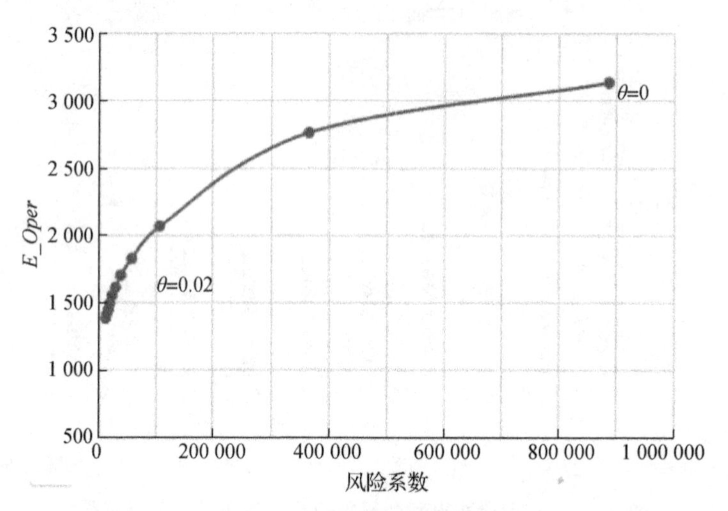

图4-5　不考虑采购柔性的有效边界图

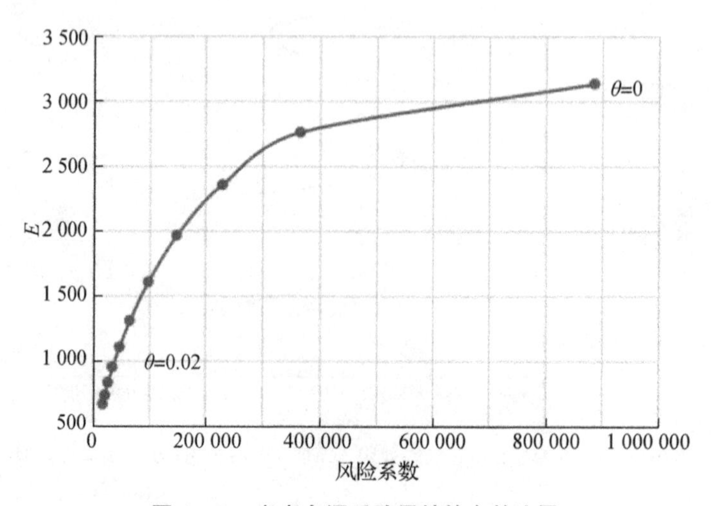

图4-6　考虑多源采购柔性的有效边界

接下来，分别对产出率 U 的均值和方差进行灵敏度分析。如表 4-4 所示，随着产出率均值的增大，新品原材料采购量逐渐减小，回收原材料采购量逐渐增大，期望利润、利润方差和均值-方差效用均逐渐增大。如表 4-5 所示，一方面，当产出率方差比较小时，再制造商选择只进行成本较低的再制造生产活动，随着产出率方差的增大，再制造商开始选择同时进行再制造和制造生产活动，且制造比例随着产出率方差的增大而增大，再制造量随着产出率方差的增大而减小；另一方面，期望利润随着产出率方差的增大而较小，利润方差随着产出率方差的增大而增大，使得均值-方差效用随着产出率方差的增大而减小。通过上述分析可知，当产出率均值比较大且方差比较小时，再制造商倾向于进行再制造生产活动以降低其生产成本，反之，再制造商更加倾向于进行制造活动以降低其生产风险。

表 4-4　关于产出率 U 均值的灵敏度分析

U	y_m^*	y_r^*	E	Var	$MV[\prod(Y\mid U,D)]$
(0.3,0.8)	3 252.5	2 156.1	1 836.8	75 018.3	1 536.7
(0.35,0.85)	3 021.3	2 366.8	1 884.7	80 760.0	1 561.6
(0.4,0.9)	2 769.7	2 583.2	1 939.4	87 762.2	1 588.3
(0.45,0.95)	2 445.1	2 870.6	2 015.6	97 103.8	1 627.2
(0.5,1)	2 275.3	2 951.9	2 066.4	106 372.5	1 640.9

表 4-5　关于产出率 U 方差的灵敏度分析

U	y_m^*	y_r^*	E	Var	$MV[\prod(Y\mid U,D)]$
(0.7,0.8)	0.0	6 321.5	2 672.0	83 860.3	2 336.5
(0.65,0.85)	0.0	6 244.6	2 640.9	107 204.7	2 212.0
(0.6,0.9)	0.0	6 097.1	2 581.7	142 416.3	2 012.0
(0.55,0.95)	918.2	4 746.1	2 339.2	139 213.9	1 782.4
(0.5,1)	2275.3	2 951.7	2 066.4	106 372.5	1 640.9

在其他参数值不变的情况下，令需求方差从 250 逐渐升至为 2 500，求解结果如表 4-6 所示。

表 4－6　关于需求方差 σ 的灵敏度分析

σ	不考虑采购柔性的模型		考虑多源采购柔性的模型		
	y^*	$MV[\prod(y\mid U,D)]$	y_m^*	y_r^*	$MV[\prod(y\mid U,D)]$
250	9 401.0	2 902.3	0.0	9 401.0	2 902.3
500	9 191.1	2 591.0	0.0	9 191.1	2 591.0
750	8 694.5	2 162.2	3 255.1	3 444.2	2 231.5
1 000	7 693.6	1 766.8	3 018.7	3 157.3	2 032.9
1 250	6 272.1	1 573.7	2 577.3	3 073.9	1 826.2
1 500	5 555.9	1 444.0	2 275.4	2 951.7	1 640.9
1 750	4 928.4	1 315.5	1 761.3	2 968.2	1 439.2
2 000	4 249.1	1 129.9	1 287.2	2 891.1	1 194.6
2 250	3 843.3	1 035.4	813.6	2 975.5	1 060.6
2 500	3 388.5	871.8	813.1	2 947.4	878.4

由图 4－7 可知，在不考虑采购柔性的模型中，回收原材料采购量随着需求方差的增大而逐渐降低；在考虑多源采购柔性的模型中，当需求方差比较小时，再制造商依然选择只进行再制造生产活动，当需求增大到一定程度时（$\sigma=750$），再制造商开始选择同时进行制造和再制造生产活动，此时，回收原材料采购量大幅度降低，随后变得比较平稳，而新品原材料采购量随着需求方差的增大而逐渐降低。

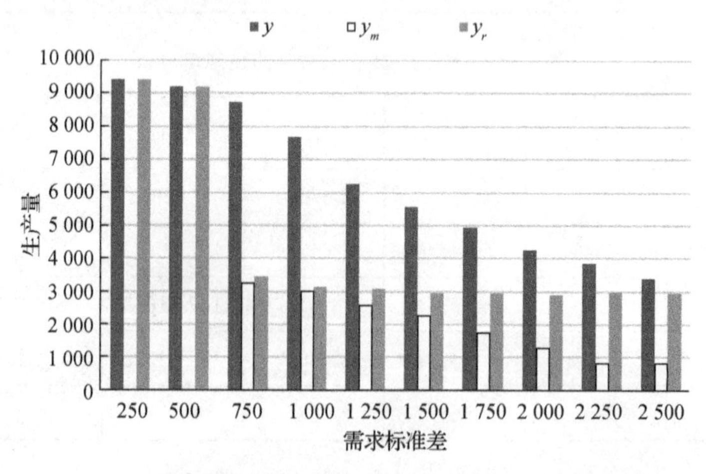

图 4－7　制造量和再制造量关于需求标准差的变化趋势图

另一方面，图 4－8 描述了均值-方差效用关于需求标准差的变化趋势，根据图像变化趋势可知，当需求风险很小时，再制造商不需要考虑多源采购柔性，只采购回收原材料进行再制造生产活动即可，考虑多源采购柔性模型的均值-方差效用与不考虑采购柔性模型的均值-方差效用完全相同；之后，在一定范围之内，随着需求风险的增加，多源采购柔性的作用愈加显著，考虑多源采购柔性模型的均值-方差效用大于不考虑采购柔性模型的均值-方差效用，且二者之间的差距逐渐增大；而当需求风险增加到一定程度，二者之间的差距又逐渐缩小，即多源采购柔性的作用则逐渐越弱。据此可知，在一定范围之内，再制造生产商面临的风险越大，多源采购柔性的价值越显著，而当运作风险特别大时，再制造商为了规避风险而选择降低其总的生产量，此时多源采购柔性的价值会被减弱。

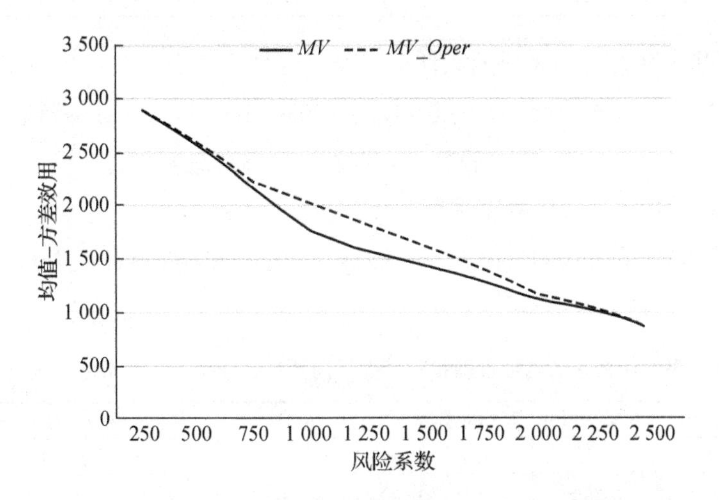

图 4－8　均值-方差效用关于需求标准差的变化趋势图

算例 2：一个风险规避的再制造商在产出随机、需求随机情况下，再制造商采用后备采购柔性策略，以效用最大化为目标，优化其回收原材料采购量，期末顾客需求实现，未得到满足的需求消失，剩余产品以低于销售价的价格全部卖出。制造的产出率为 1，再制造产出率 U 服从(0.5，1) 上的均匀分布，顾客需求服从正态分布 $N(\mu,\sigma^2)$，其中，$\mu = 6\ 600$，$\sigma = 1\ 500$。产品价格 $p = 1$，再制造成本 $c_r = 0.4$，后备制造成本 $c_d = 0.7$，产成品剩余价值 $s = 0.1$，再制造商风险系数 $\theta = 0.004$。

通过 MATLAB 中的蒙特卡洛模拟，得到的结果如表 4－7 所示。考虑后备采购柔性的再制造生产决策优化模型的最优回收原材料采购量为 5 032.3，再制造商期望利润为 2 344.1,利润方差为 115 581.8,均值-方差效用为 1 881.8。与考虑多源采购柔性模型的结论类似,尽管考虑后备采购柔性模型的期望利润均值和有效生产量小于不考虑采购柔性模型的期望利润均值和有效生产量,但由于考虑后备采购柔性模型的期望利润方差远大于不考虑采购柔性模型的期望利润方差,使得考虑后备采购柔性模型的均值-方差效用大于不考虑采购柔性模型的均值-方差效用,即考虑后备采购柔性也能有效地缓解再制造运作风险,提高了再制造商的运作效率及效用。

表 4-7　算例 2 分析结果

	y_r^*	E	Var	MV
不考虑采购柔性的模型	5 555.9	2 361.6	229 380.2	1 444.0
考虑后备采购柔性的模型	5 032.3	2 344.1	115 581.8	1 881.8

为了进一步探讨后备采购柔性对风险规避型再制造商生产决策影响,及多源采购柔性与后备采购柔性策略的区别,接下来将对风险系数、后备制造成本和产出率方差进行灵敏度分析,并与不考虑采购柔性的再制造生产决策模型、考虑多源采购柔性的再制造生产决策模型进行对比分析。

在其他参数值不变的情况下,令风险系数从 0.002 逐渐升至为 0.020,求解结果如表 4-8 和表 4-9 所示。

表 4-8　考虑后备采购柔性模型和不考虑采购柔性模型关于风险系数 θ 的灵敏度分析

θ	不考虑采购柔性的模型				考虑后备采购柔性的模型			
	y_r^*	E	Var	MV	y_r^*	E	Var	MV
0.002	6 760.6	2 763.4	366 272.3	2 030.8	6 120.1	2 679.2	236 789.6	2 205.6
0.004	5 555.9	2 361.6	229 380.2	1 444.0	5 032.3	2 344.1	115 581.8	1 881.8
0.006	4 558.4	1 968.0	149 127.2	1 073.2	4 522.6	2 163.7	78 506.8	1 692.7
0.008	3 711.4	1 609.6	97 237.1	831.7	4 199.1	2 039.9	60 586.9	1 555.2
0.010	3 033.1	1 316.9	64 924.8	667.7	3 978.3	1 949.5	50 481.6	1 444.7
0.012	2 560.6	1 112.7	46 082.8	559.7	3 774.2	1 862.3	42 537.8	1 351.8
0.014	2 200.8	956.3	33 995.3	480.4	3 621.4	1 795.2	37 366.6	1 272.1
0.016	1 927.8	837.9	26 117.4	420.0	3 485.6	1 734.1	33 261.2	1 201.9
0.018	1 707.3	742.3	20 571.5	372.0	3 213.9	1 647.2	28 176.8	1 140.0
0.020	1 547.7	672.8	16 784.0	337.1	2 890.8	1 557.1	23 427.9	1 088.6

表 4-9 考虑后备采购柔性模型和考虑多源采购柔性模型关于风险系数 θ 的灵敏度分析

θ	考虑后备采购柔性的模型				考虑多源采购柔性的模型				
	y^*	E	Var	MV	y_m^*	y_r^*	E	Var	MV
0.002	6 120.1	2 679.2	236 789.6	2 205.6	0.0	6 760.6	2 763.4	366 272.3	2 030.8
0.004	5 032.3	2 344.1	115 581.8	1 881.8	2 275.3	2 951.9	2 066.4	106 372.5	1 640.9
0.006	4 522.6	2 163.7	78 506.8	1 692.7	2 782.1	1 924.0	1 828.3	57 389.1	1 484.0
0.008	4 199.1	2 039.9	60 586.9	1 555.2	2 977.0	1 443.8	1 702.0	38 746.5	1 392.1
0.010	3 978.3	1 949.5	50 481.6	1 444.7	3 068.7	1 157.3	1 614.7	28 986.8	1 324.9
0.012	3 774.2	1 862.3	42 537.8	1 351.8	3 087.0	987.3	1 552.2	22 967.4	1 276.6
0.014	3 621.4	1 795.2	37 366.6	1 272.1	3 129.5	812.4	1 494.0	18 780.5	1 231.0
0.016	3 485.6	1 734.1	33 261.2	1 201.9	3 114.3	721.0	1 450.6	15 783.0	1 198.1
0.018	3 213.9	1 647.2	28 176.8	1 140.0	3 108.4	637.1	1 414.6	13 600.2	1 169.8
0.020	2 890.8	1 557.1	23 427.9	1 088.6	3 093.0	574.6	1 381.3	11 883.0	1 143.6

对比考虑后备采购柔性模型和不考虑采购柔性模型在不同风险系数 θ 下的求解结果可知，一方面，如图 4-9，考虑后备采购柔性模型的均值-方差效用始终大于不考虑采购柔性模型的均值-方差效用。另一方面，如图 4-10，当再制造商风险系数比较小时，考虑后备采购柔性模型中的回收原材料采购数量小于不考虑采购柔性模型中的回收原材料采购数量；而当再制造商风险系数比较小时，考虑后备采购柔性模型中的回收原材料采购数量大于不考虑采购柔性模型中的回收原材料采购数量。这是由于当再制造商风险规避程度比较小时，考虑后备采购柔性的模型可以在第二阶段通过后备采购提高再制造商效用，因此考虑后备采购柔性模型中的回收原材料采购数量小于不考虑采购柔性模型中的回收原材料采购数量；而当再制造商风险规避程度比较大时，为了规避运作风险，不考虑采购柔性模型的回收原材料采购量迅速下降，而考虑后备采购柔性的模型能够通过后备采购缓解再制造商的运作风险，因此依然可以保持比较多的回收原材料采购数量。这说明，一方面，考虑后备采购柔性的再制造商具有更好的鲁棒性；另一方面，当再制造商风险规避程度比较大时，后备采购柔性可以提高回收原材料的采购量，有助于降低碳排放，促进循环经济的发展。

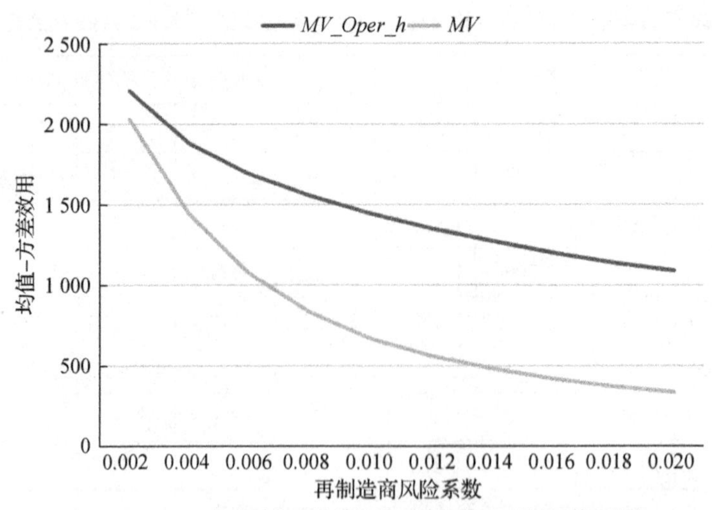

注：MV_oper_h：考虑后备采购柔性模型的均值-方差效用值，下同。

图 4－9　均值-方差效用关于再制造商风险系数的变化趋势图
（不考虑供应柔性模型和考虑后备供应柔性模型）

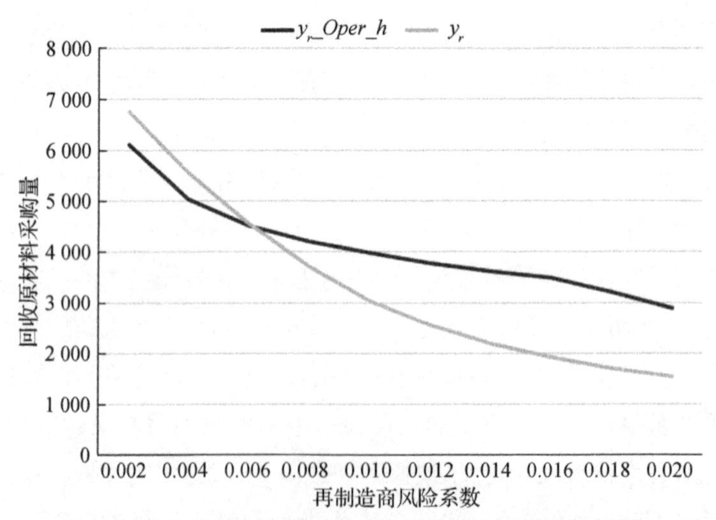

注：$y_r\_oper\_h$：考虑后备采购柔性模型的回收原材料采购量，下同。

图 4－10　回收原材料采购量关于再制造商风险系数的变化趋势图
（不考虑供应柔性模型和考虑后备供应柔性模型）

对比考虑后备采购柔性模型和考虑多源采购柔性模型在不同风险系数 θ 下的均值-方差效用和回收原材料采购量，如图 4－11 和图 4－12 所示。一方面，考虑后备采购柔性和考虑多源采购柔性时的均值-方差效用均随着再制造商风险规避程度的增大而降低；另一方面，随着再制造商风险系数的增加，多源采购柔性模型中的回收原材料采购量迅速降低，而考虑后备采购柔性模型中的回收原材料采购量的降低速度较慢，而且考虑后备采购柔性模型中的回收原材料采购量整体上大于考虑多源采购柔性模型中的回收原材料采购量，这说明当再制造商风险规避程度比较大时，后备采购柔性策略有助于提高回收原材料的使用率。需要指出的是，由于后备采购/制造具有应急性，通常成本高于常规采购/制造成本。因此，为了进一步对比两种柔性采购策略的效果，接下来我们将对后备制造成本 c_d 和产出率 U 方差进行灵敏度分析。

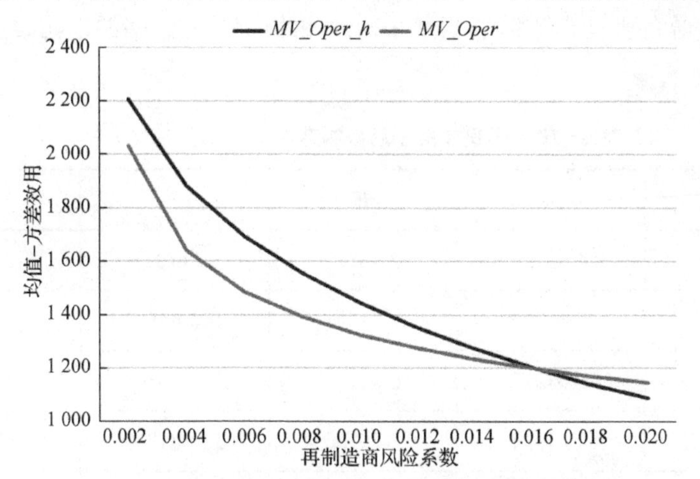

图 4-11　均值-方差效用关于再制造商风险系数的变化趋势图
（考虑多源供应柔性模型和考虑后备供应柔性模型）

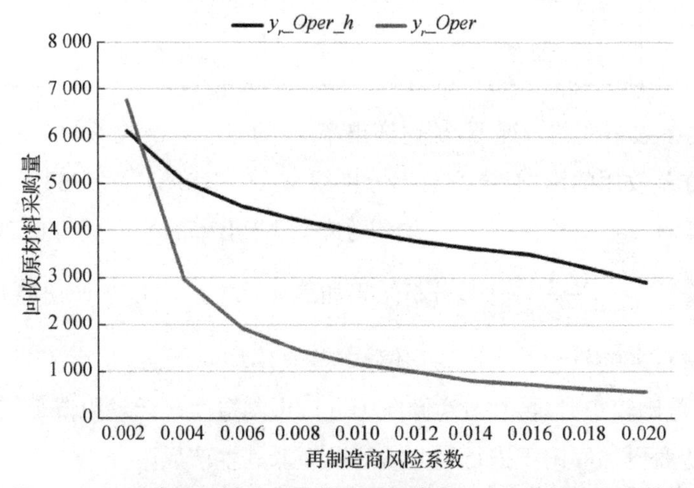

图 4-12　回收原材料采购量关于再制造商风险系数的变化趋势图
（考虑多源供应柔性模型和考虑后备供应柔性模型）

在其他参数值不变的情况下，后备制造成本 c_d 从 0.60 逐渐升至为 0.90，求解结果如表 4－10 所示。随着后备制造成本的增加，回收原材料采购量也随之增大，而再制造商均值-方差效用减小。另一方面，当 $c_d = c_m = 0.60$ 时，再制造商的均值-方差效用为 2 055.7，大于考虑多源采购柔性模型中的均值-方差效用 1 640.9，随着后备制造成本的增加，再制造商均值-方差效用逐渐减小，直至小于考虑多源采购柔性模型中的均值-方差效用。这说明，当后备制造成本比较小时，后备采购柔性优于多源采购柔性，而随着后备制造成本的增加，后备采购柔性的优势减弱，当后备采购成本增大到一定程度时，后备采购柔性的优势消失，多源采购柔性优于后备采购柔性。

表 4－10　算例 2 关于后备制造成本 c_d 的灵敏度分析

c_d	y_r^*	E	Var	MV
0.60	4 981.2	2 431.7	94 001.5	2 055.7
0.65	5 015.1	2 388.7	106 646.3	1 962.1
0.70	5 032.3	2 344.1	115 581.8	1 881.8
0.75	5 049.4	2 297.5	130 812.8	1 774.3
0.80	5 083.6	2 262.2	149 023.2	1 666.1
0.85	5 236.9	2 278.8	178 384.2	1 565.3
0.90	5 423.7	2 323.6	209 303.6	1 486.4

在其他参数不变的情况下，探讨产出率 U 的方差对回收原材料采购量和再制造商均值-方差效用的影响。令产出率分别服从 (0.7，0.8)，(0.65，0.85)，(0.6，0.9)，(0.55，0.95)，(0.5，1) 上的均匀分布，即产出率的均值恒为 0.75，方差分别为 $\frac{0.1^2}{12}$，$\frac{0.2^2}{12}$，$\frac{0.3^2}{12}$，$\frac{0.4^2}{12}$，$\frac{0.5^2}{12}$，分析结果如表 4-20 所示。随着产出率 U 方差的增大，回收原材料采购量和再制造商均值-方差效用均降低。这是由于当产出率均值比较大且方差比较小时，再制造商倾向于进行再制造生产活动以降低其生产成本，反之，再制造商更加倾向于进行制造活动以降低其生产风险。

表 4－11　关于产出率 U 方差的灵敏度分析

（考虑后备采购柔性模型和考虑多源采购柔性模型）

U	考虑后备采购柔性模型		考虑多源采购柔性模型	
	y_r^*	$MV[\prod(y_r \mid U,D)]$	y_r^*	$MV[\prod(Y \mid U,D)]$
(0.7,0.8)	6 341.6	2 352.865	6 321.5	2 336.5
(0.65,0.85)	6 069.7	2 213.975	6 244.6	2 212.0
(0.6,0.9)	5 763.1	2 126.022	6 097.1	2 012.0
(0.55,0.95)	5 406.3	1 995.563	4 746.1	1 782.4
(0.5,1)	5 032.3	1 881.8	2 951.7	1 640.9

考虑后备采购柔性模型和考虑多源采购柔性模型关于产出率 U 方差的灵敏度分析可知，相较于考虑多源采购柔性的模型，考虑后备采购柔性的模型对于产出率 U 具有更好的鲁棒性，如图 4－13 和图 4－14 所示。随着产出率 U 方差的增大，两个模型中的回收原材料采购量和再制造商均值-方差效用均降低，但后备采购柔性模型中的回收原材料采购量和再制造商均值-方差效用降低的速度更加缓慢。这是由于后备采购使得再制造商掌握更多关于产出率信息，降低了产出率不确定所带来的风险。

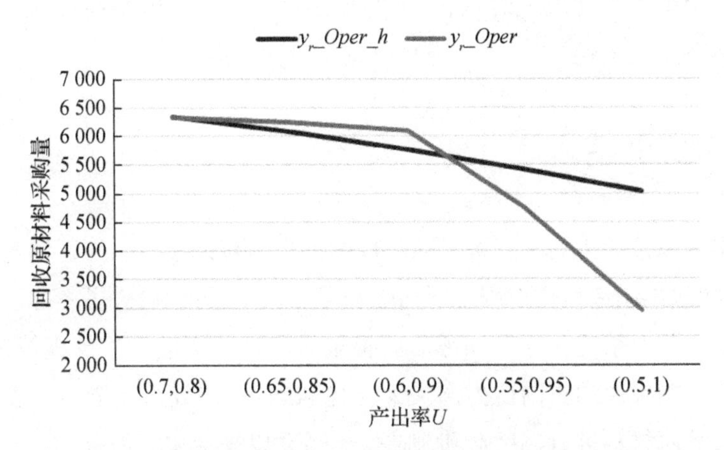

图 4－13　回收原材料采购量关于产出率 U 方差的变化趋势图

（考虑多源供应柔性模型和考虑后备供应柔性模型）

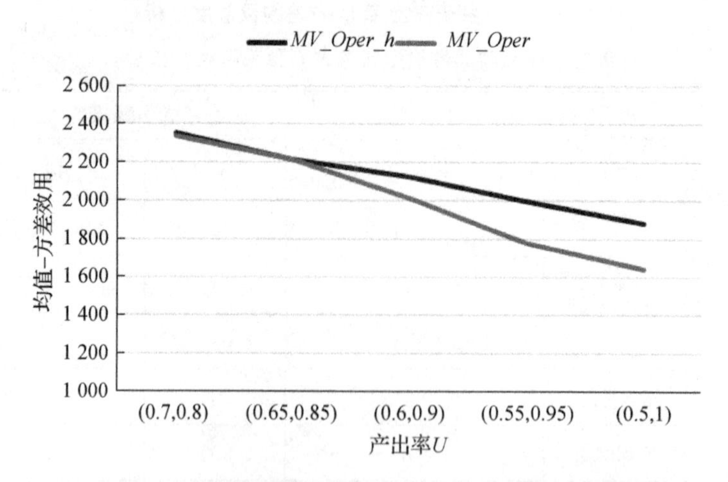

图 4-14　均值-方差效用关于产出率 U 方差的变化趋势图
（考虑多源供应柔性模型和考虑后备供应柔性模型）

通过算例分析可知，多源采购柔性和后备采购柔性两种运作对冲策略都可以有效地降低再制造商所面临的运作风险，提高再制造商的均值-方差效用。其中，多源采购柔性的优势在于较低的采购/制造成本，后备采购柔性的优势在于延迟采购使得再制造产出率信息的更新，即当回收原材料产出率确定后再进行后备原材料的采购，有效地缓解了再制造产出率的不确定性。因此，当后备采购/制造成本比较低/产出率方差比较大时，后备采购柔性优于多源采购柔性，反之，多源采购柔性优于后备采购柔性。

4.6　本章小结

本章将多源采购柔性和后备采购柔性两种运作对冲策略引入再制造生产决策模型中，以缓解再制造运作过程中所面临的运作风险。分别研究了考虑多源采购柔性的再制造生产决策优化问题和考虑后备采购柔性的再制造生产决策优化问题。在考虑多源采购柔性的再制造生产决策优化问题中，假设再制造商可以运用回收原材料和新品原材料进行再制造和制造生产活动以满足顾客需求，以均值-方差效用模型为建模框架，构建了考虑多源采购柔性策略的再制造生产决策优化模型和算法。在考虑后备采购柔性的再制造生产决策优化问题中，假设再制造商首先从回收原材料供应商处采购回收原材料进行再制造生产活动，随后再制造商根据再制造实际产出率情况再从后备新品原材料供应商处采购新品原材料进行制造活动，以均值-方差效用模型为建模框架，构建了考虑后备采购柔性策略的再制造生产决策优化模型和算法，并通过数值算例和灵敏度分析探讨了多源采购柔性和后备采购柔性对于再制造商缓解运作风险的作用与价值，及两种运作对冲策略的差别。研究结果表明，一方面，再制造商的风险规避程度越大，采购柔性的作用越显著。另一方面，在一定范围之内，再制造生产商面临的供应风险越大，采购柔性的价值越显著；当运作风险特别大时，再制造商为了规避风险而选择降低其总的生产量，此时采购柔性的价值会被减弱。此外，通过对两种采购柔性策略的对比分析可知多源采购柔性的优势在于较低的采购/制造成本，后备采购柔性的优势在于延迟采购使得再制造产出率信息的更新，即当回收原材料产出率确定后再进行后备原材料的采购，有效地缓解了再制造产出率的不确定性。因此，当后备采购/制造成本比较低/产出率方差比较大时，后备采购柔性优于多源采购柔性，反之，多源采购柔性优于后备采购柔性。

第五章　考虑金融对冲策略的再制造生产决策优化

5.1 引言

随着金融市场的迅速发展，越来越多的企业和学者开始利用金融对冲策略规避生产经营过程中的风险。利用金融工具对冲来降低企业生产运作过程中各个环节不确定性因素导致的一系列运营风险，即金融对冲策略。根据文献 Zhao，Huchzermeier①，在金融对冲方面，企业可通过以下三种方式进行：现金、供应链、金融衍生品。其中现金工具包括股票、贷款②、流动资金③、外汇储备④、保险⑤；供应链工具包括供应商补贴⑥、贸易信贷⑦、保付代理 、反向保

① Zhao L M，Huchzermeier A. Operations-finance interface models：A literature review and framework[J]. European Journal of Operational Research，2015，244(3)：905－917.

② Alan Y，Gaur V. Operational investment and capital structure under asset-based lending[J]. Manufacturing & Service Operations Management，2018，20(4)：637－654.

③ Gamba A，Triantis A J. Corporate risk management：Integrating liquidity，hedging，and operating policies[J]. Management Science，2014，60(1)：246－264.

④ Chowdhry B，Howe J T B. Corporate risk management for multinational corporations：Financial and operational hedging policies[J]. Review of Finance，1999，2(2)：229－246.

⑤ Dong L X，Tomlin B. Managing disruption risk：The interplay between operations and insurance[J]. Management Science，2012，58(10)：1898－1915.

⑥ Babich V. Vulnerable options in supply chains：Effects of supplier competition[J]. Naval Research Logistics，2006，53(7)：656－673.

⑦ Seifert D，Seifert R W，Protopappa－Sieke M. A review of trade credit literature：Opportunities for research in operations[J]. European Journal of Operational Research，2013，231(2)：245－256.

理[①]、发票贴现[②]、货币风险共担；金融衍生品工具包括期货、远期合约[③]、看涨/看跌期权[④]、互惠信贷[⑤]等。

本章主要研究如何通过金融衍生品来降低再制造企业生产过程中所面临的风险。根据文献 Sayın，Karaesmen，Özekici[⑥]，Okyay，Karaesmen，Özekici[⑦] 可知，目前用来对冲运作风险的金融衍生品通常包含：(1) 期货；(2) 看涨期权；(3) 包含期货和看涨期权在内的金融工具的组合。因此，本章将首先构建考虑投资一种金融衍生品的再制造生产决策优化模型，然后将模型拓展为考虑投资多种金融衍生品的再制造生产决策优化模型。与本章相关的文献如表 5－1 所示。

表 5－1　与本章相关的文献汇总表

文献	不确定性		生产系统		风险规避	金融对冲	优化目标
	供应	需求	制造	再制造			
Aras，Verter，and Boyaci[⑧]，Gong and Chao，Dev，Shankar，and Choudhary[⑨]	√	√		√			成本最小化

① Klapper L. The role of factoring for financing small and medium enterprises[J]. Journal of Banking & Finance，2006，30(11)：3111－3130.

② Cosh A，Cumming D，Hughes A. Outside enterpreneurial capital[J]. The Economic Journal，2009，119(540)：1494－1533.

③ Hommel U. Financial versus operative hedging of currency risk[J]. Global Finance Journal，2003，14(1)：1－18.

④ Ding Q，Dong L X，Kouvelis P. On the integration of production and financial hedging decisions in global markets[J]. Operations Research，2007，55(3)：470－489.

⑤ Gamba A，Triantis A J. Corporate risk management：Integrating liquidity，hedging，and operating policies[J]. Management Science，2014，60(1)：246－264.

⑥ Sayın F，Karaesmen F，Özekici S. Newsvendor model with random supply and financial hedging：Utility-based approach[J]. International Journal of Production Economics，2014，154(8)：178－189.

⑦ Okyay H K，Karaesmen F，Özekici S. Hedging demand and supply risks in the newsvendor model[J]. OR Spectrum，2015，37(2)：475－501.

⑧ Aras N，Verter V，Boyaci T. Coordination and priority decisions in hybrid manufacturing/remanufacturing systems[J]. Production and Operations Management，2006，15(4)：528－543.

⑨ Ray P，Jenamani M. Mean-variance analysis of sourcing decision under disruption risk[J]. European Journal of Operational Research，2016，250(2)：679—689.

续表

文献	不确定性		生产系统		风险规避	金融对冲	优化目标
	供应	需求	制造	再制造			
Zhou and Yu ①, Mukhopadhyay and Ma ②, Han, Ma, Zhao et al. ③	√	√		√			利润最大化
Macedo, Alem, Santos, et al. ④	√	√		√	√		成本最小化
Zeballos, Méndez, and Barbosa-Povoa⑤	√	√		√	√		CVaR
Gaur and Seshadri ⑥		√	√		√	√	均值-方差效用最大化
Chu, Ni, Shi, et al. ⑦		√	√		√	√	均值-方差效用最大化
Chod, Rudi, and van Mieghem ⑧		√	√			√	价值最大化

① Zhou S X, Yu Y K. TECHNICAL NOTE—optimal product acquisition, pricing, and inventory management for systems with remanufacturing[J]. Operations Research, 2011, 59(2): 514-521.

② Mukhopadhyay S K, Ma H F. Joint procurement and production decisions in remanufacturing under quality and demand uncertainty[J]. International Journal of Production Economics, 2009, 120(1): 5-17.

③ Han S H, Ma W N, Zhao L, et al. A robust optimisation model for hybrid remanufacturing and manufacturing systems under uncertain return quality and market demand[J]. International Journal of Production Research, 2016, 54(17): 5056-5072.

④ Macedo P B, Alem D, Santos M, et al. Hybrid manufacturing and remanufacturing lot-sizing problem with stochastic demand, return, and setup costs[J]. The International Journal of Advanced Manufacturing Technology, 2016, 82(5/6/7/8): 1241-1257.

⑤ Zeballos L J, Méndez C A, Barbosa-Povoa A P. Design and planning of closed-loop supply chains: A risk-averse multistage stochastic approach[J]. Industrial & Engineering Chemistry Research, 2016, 55(21): 6236-6249.

⑥ Gaur V, Seshadri S. Hedging inventory risk through market instruments[J]. Manufacturing & Service Operations Management, 2005, 7(2): 103-120.

⑦ Chu L K, Ni J, Shi Y, et al. Inventory risk mitigation by financial hedging[J]. Lecture Notes in Engineering & Computer Science, 2009, 2179(1): 1260-1263.

⑧ Chod J, Rudi N, van Mieghem J A. Operational flexibility and financial hedging: Complements or substitutes?[J]. Management Science, 2010, 56(6): 1030-1045.

续表

文献	不确定性		生产系统		风险规避	金融对冲	优化目标
	供应	需求	制造	再制造			
Sayın, Karaesmen, and Özekici①	√	√	√		√	√	效用最大化 方差最小化
Okyay, Karaesmen, and Özekici②	√	√	√		√	√	利润最大化 方差最小化
Tekin and Özekici ③	√	√	√		√	√	均值-方差 效用最大化
本 章	√	√		√	√	√	均值-方差 效用最大化

5.2　问题描述

结合文献 Gaur，Seshadri④，产品需求量与金融市场上的金融衍生品价格相关。如图 5－1 所示，假设一个风险规避的再制造商，期初从原材料现货市场中采购回收原材料进行再制造生产活动的同时，也从产成品金融交易市场上购入相应的金融衍生品以降低产品需求不确定的风险。顾客的需求随机，再制造的产出率随机，再制造商以效用最大化为目标，决策回收原材料的采购量和金融衍生品的购买品种及数量，生产周期末顾客需求实现，未得到满足的需求消失，剩余产品的残值低于销售价格。为了简化模型，假设采购和生产的提前期为 0。

① Sayın F, Karaesmen F, Özekici S. Newsvendor model with random supply and financial hedging: Utility-based approach[J]. International Journal of Production Economics, 2014, 154(8): 178－189.

② Okyay H K, Karaesmen F, Özekici S. Hedging demand and supply risks in the newsvendor model[J]. OR Spectrum, 2015, 37(2): 475－501.

③ Tekin M, Özekici S. Mean-variance newsvendor model with random supply and financial hedging[J]. IIE Transactions, 2015, 47(9): 910－928.

④ Gaur V, Seshadri S. Hedging inventory risk through market instruments[J]. Manufacturing & Service Operations Management, 2005, 7(2): 103－120.

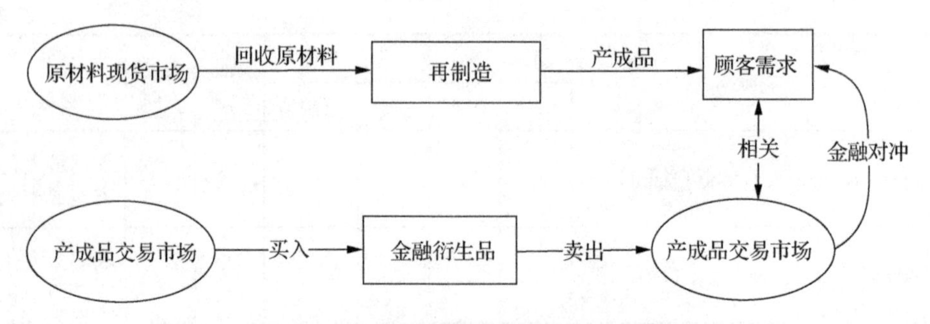

图 5-1　考虑金融对冲的再制造生产系统

本章主要涉及的参数和变量如下

H　生产周期长度

η　无风险利率

c_r　单位再制造品采购及生产成本

s　剩余产品的残值

U^i　第 i 种回收原材料的产出率，$0 < U^i \leqslant 1$

p　产成品价格，$p > c_r e^{\eta H}/E(U) \geqslant s > 0$

y_r^i　从第 i 个回收原材料供应商处所采购的原材料量

Y 期望产出量，$Y = y_m + \sum_{i=1}^{m-1} U^i y_r^i$

D　顾客需求量，服从一个已知的随机分布，分布函数为 $F_D(x) = P(D \leqslant x)$，密度函数为 $f_D(x)$

S_j　生产周期末第 j 种金融衍生品的价格

$f_j(S)$ 第 j 种金融衍生品的净利润

n　购买金融衍生品的数量

5.3　模型构建

假设顾客的需求与金融产品价格相关，再制造商运用金融对冲策略缓解运作过程中所面临的风险。再制造商不仅要决策其回收原材料采购量，即再制造量，还要决策如何购买金融产品对冲运作过程中所面临的风险。假设再制造商的生产周期为 H，其间的无风险利率为 η。令 S_i表示生产周期末第 i 种金融衍生品的价格，与顾客需求量相关；$f_i(S)=\hat{f}_i(S)-f_i^H$表示生产周期末第$i$种金融衍生品的净利润，其中，$\hat{f}_i(S)$代表第$i$种金融衍生品在生产周期末的收益，$f_i^H$表示第$i$种金融衍生品的投资成本。令$f_i^0$表示第$i$种金融衍生品在生产周期初的购买价格，则$f_i^H=e^{\gamma H}f_i^0$。如果金融市场是完全市场，则$f_i^0=e^{-\gamma H}E[\hat{f}_i(S)]$，因此，$E[f_i(S)]=E[\hat{f}_i(S)-f_i^H]=0$。

其他的参数和变量如下：c_r表示单位再制造品采购和生产成本，s表示期末剩余产品的残值，U表示再制造产出率，其中$0<U\leqslant 1$，p表示产成品价格，其中$p>c_r e^{\gamma H}/E(U)\geqslant s>0$，$y$表示再制造品的生产量，$D$表示顾客需求量，服从一个已知的随机分布，分布函数为$F_D(x)=P(D\leqslant x)$，密度函数为$f_D(x)$。

为了更加清晰地描述和分析金融对冲策略对再制造生产决策的影响，我们将首先构建考虑一种金融工具的再制造生产决策优化模型，即再制造商通过购买一种金融衍生品降低再制造生产过程中的风险；然后构建考虑投资多种金融工具的再制造生产决策优化模型，即再制造商通过购买多种金融衍生品组合对冲再制造生产过程中的风险。

5.3.1　考虑投资一种金融衍生品的再制造生产决策优化模型

令α表示购买金融衍生品的数量，则生产周期末金融衍生品的收益可表示为$\alpha f(S)$。因此，考虑投资一种金融衍生品的再制造生产利润函数可以表示为

$$\prod(y,S\mid U,D)=\prod(y\mid U,D)+\alpha f(S) \tag{5-1}$$

其中，$\prod(y\mid U,D)=(p-s)\min\{Uy,D\}+(s-c_r e^{\gamma H})Uy$为不投资金融衍生品时的利润。

再制造商可以通过优化再制造生产量和金融衍生品的购买量以最大化其效用，此时，再制造商的均值-方差效用可表示为

$$\max H(y,S\mid U,D,\theta)=E[\prod(y,S\mid U,D)]-\theta Var[\prod(y,S\mid U,D)] \tag{5-2}$$

当市场为完全市场时，在无套利风险情境下，$E[f(S)]=0$，$E[\prod(y,S\mid U,D)]=E[\prod(y\mid U,D)]$。因此，对于任意给定的再制造量$y$，可以通过优化金融投

资最小化其利润方差，即

$$\min Var(\prod(y,S\mid U,D))=\min Var(\prod(y\mid U,D)+\alpha f(S))$$
$$=\min[\alpha^2 Var(f(S))+2\alpha Cov(f(S),\prod(y\mid U,D))+Var(\prod(y\mid U,D))] \tag{5-3}$$

定理 5-1 方差最小化的最优金融投资数量可以表示为

$$\alpha^*(y)=-\frac{Cov(f(S),\prod(y\mid U,D))}{Var(f(S))}$$

证明：求式(5－3)关于 α 的导数并令其等于 0，可以得到一阶最优条件

$$\alpha Var(f(S))+Cov(f(S),\prod(y\mid U,D))=0$$

即 $\alpha^*(y)=-\dfrac{Cov(f(S),\prod(y\mid U,D))}{Var(f(S))}$ 是方差最小化的最优金融衍生品购买数量。

将 $\alpha^*(y)$ 代入式(5－3)，可得

$$Var(\prod\nolimits_{\alpha^*(y)}(y,S\mid U,D))=Var(\prod(y\mid U,D))-\frac{[Cov(f(S),\prod(y\mid U,D))]^2}{Var(f(S))} \tag{5-4}$$

接下来，我们将金融衍生品的最优购买数量 $\alpha^*(y)$ 代入式(5－2)，求使得均值-方差效用函数最大化时的最优生产量，目标函数变为

$$\max H(y,S\mid U,D,\theta)=E(\prod(y\mid U,D))-\theta Var(\prod\nolimits_{\alpha^*(y)}(y,S\mid U,D))$$
$$=E(\prod(y\mid U,D))-\theta\left\{Var(\prod(y\mid U,D))-\frac{[Cov(f(S),\prod(y\mid U,D))]^2}{Var(f(S))}\right\} \tag{5-5}$$

对于任意给定生产量 $y\geqslant 0$，都有 $\dfrac{[Cov(f(S),\prod(y\mid U,D))]^2}{Var(f(S))}>0$，因此 $Var(\prod_{\alpha^*(y)}(y,S\mid U,D))<Var(\prod(y\mid U,D))$，即考虑金融对冲策略的利润方差 $Var(\prod_{\alpha^*(y)}(y,S\mid U,D))$ 总是不大于不考虑金融对冲策略的利润方差 $Var(\prod(y\mid U,D))$。当然，如果顾客需求与金融衍生品的价格不相关，则 $Cov(f(S),\prod(y\mid U,D))=0$，此时考虑金融对冲与不考虑金融对冲的利润方差

相同，即金融对冲对再制造企业的方差不产生影响。

定理 5－2　考虑投资一种金融衍生品时的均值-方差效用 $H(y^{*}(\theta),S \mid U,D,\theta)$ 不小于不考虑金融对冲策略的均值-方差效用 $H(y^{*} \mid U,D,\theta)$。

证明：根据上文的分析可知

$Var(\prod(y,S \mid U,D)) = Var(\prod(y \mid U,D)) - \dfrac{[Cov(f(S),\prod(y \mid U,D))]^2}{Var(f(S))} \leqslant Var(\prod(y \mid U,D))$ 即 $E[\prod(y^{*} \mid U,D)] - \theta Var[\prod_{\alpha^{*}(y)}(y^{*},S \mid U,D)] \geqslant E[\prod(y^{*} \mid U,D)] - \theta Var[\prod(y^{*} \mid U,D)]$。

此时，有且只有一种可能性

$$H(y_{\alpha}^{*}(\theta),S \mid U,D,\theta) \geqslant E[\prod(y^{*} \mid U,D)] - \theta Var[\prod_{\alpha^{*}(y)}(y^{*},S \mid U,D)],$$

即
$$H(y_{\alpha}^{*}(\theta),S \mid U,D,\theta) \geqslant H(y^{*} \mid U,D,\theta)。$$

因此，考虑投资一种金融衍生品时的均值-方差效用 $H(y_{\alpha}^{*}(\theta),S \mid U,D,\theta)$ 不小于不考虑金融对冲策略的均值-方差效用 $H(y^{*} \mid U,D,\theta)$。

5.3.2　考虑投资多种金融衍生品的再制造生产决策优化模型

接下来，我们将投资一种金融衍生品的再制造生产决策模型拓展到投资多种金融衍生品的再制造生产决策优化模型。令 $\boldsymbol{\alpha} = (\alpha_1,\alpha_2,\cdots,\alpha_n)$ 表示各种金融衍生品的购买数量组合。因此，考虑投资多种金融衍生品的再制造生产利润函数可以表示为

$$\prod(y,S \mid U,D) = \prod(y \mid U,D) + \sum_{i=1}^{n}\alpha_i f_i(S_i) \tag{5-6}$$

此时，再制造商可以通过优化再制造生产量和各种金融衍生品的投资数量，以达到最大化其均值-方差效用的目的，即

$$\max H(y,S \mid U,D,\theta) = E[\prod(y,S \mid U,D)] - \theta Var[\prod(y,S \mid U,D)] \tag{5-7}$$

假设市场为完全市场时，无套利风险情境下，$E[f(S)] = 0$，$E[\prod(y,S \mid U,D)] = E[\prod(y \mid U,D)]$。因此，对于任意给定的再制造量 y，可以通过优化金融衍

生品投资组合 $\boldsymbol{\alpha}^*(y)$ 以最小化其利润方差，即

$$\min Var(\prod_{\alpha}(y,S\mid U,D))=\min Var\left(\prod(y\mid U,D)+\sum_{i=1}^{n}\alpha_i f_i(S_i)\right)$$

$$=\min\Big[\sum_{i=1}^{n}\sum_{j=1}^{n}\alpha_i\alpha_j Cov(f_i(S),f_j(S))+2\sum_{i=1}^{n}\alpha_i Cov(f_i(S),\prod(y\mid U,D))$$

$$+Var(\prod(y\mid U,D))\Big] \qquad (5-8)$$

利润方差的紧凑矩阵形式可表示为

$$Var(\prod_{\alpha}(y,S\mid U,D))=\boldsymbol{\alpha}^{\mathrm{T}}\boldsymbol{C}\boldsymbol{\alpha}+2\boldsymbol{\alpha}^{\mathrm{T}}\mu(y)+Var(\prod(y\mid U,D)) \qquad (5-9)$$

其中，$\boldsymbol{\alpha}$ 是列向量，$\boldsymbol{\alpha}^{\mathrm{T}}$ 是 $\boldsymbol{\alpha}$ 的转置，$\boldsymbol{C}_{ij}=Cov(f_i(S),f_j(S))$ 是金融衍生品的协方差矩阵，$\mu_i(y)=Cov(f_i(S),\prod(y\mid U,D))$ 是金融衍生品与利润之间的协方差向量。

此时，我们可以证明，最优金融衍生品投资组合可以用定理 5-3 所示的紧凑公式表示。

定理 5-3 方差最小化的最优金融衍生品投资数量组合可以表示为

$$\boldsymbol{\alpha}^*(y)=-\boldsymbol{C}^{-1}\mu(y)$$

证明：求式(5-8) 关于 $\boldsymbol{\alpha}$ 的梯度并令其等于 0，可以得到一阶最优条件

$$\boldsymbol{C}\boldsymbol{\alpha}+\mu(y)=\boldsymbol{0}$$

其中，$\boldsymbol{0}=(0,0,\cdots,0)$ 是零向量。此外，协方差矩阵 $\boldsymbol{C}$ 是式(5-8) 的海森矩阵，由于协方差矩阵 $\boldsymbol{C}$ 是正定的，所以 $\boldsymbol{\alpha}(y)=-\boldsymbol{C}^{-1}\mu(y)$ 是式(5-8) 的极小值，即 $\boldsymbol{\alpha}^*(y)=-\boldsymbol{C}^{-1}\mu(y)$ 是方差最小化的最优金融衍生品投资组合。

将 $\boldsymbol{\alpha}^*(y)=-\boldsymbol{C}^{-1}\mu(y)$ 代入方差矩阵 (5-8)，可得

$$Var\left(\prod_{\alpha^*(y)}(y,S\mid U,D)\right)=Var\left(\prod(y\mid U,D)\right)-\mu(y)^{\mathrm{T}}\boldsymbol{C}^{-1}\mu(y) \qquad (5-10)$$

接下来，我们将最优金融衍生品投资组合 $\boldsymbol{\alpha}^*(y)$ 代入式(5-7)，求使得均值-方差效用函数最大化时的最优生产量，目标函数变为

$$\max H(y,S\mid U,D,\theta)=E(\prod(y\mid U,D))-\theta Var(\prod_{\alpha^*(y)}(y,S\mid U,D))$$

$$=E(\prod(y\mid U,D))-\theta[Var((\prod(y\mid U,D))-\mu(y)^{\mathrm{T}}\boldsymbol{C}^{-1}\mu(y))] \qquad (5-11)$$

由于协方差 $\boldsymbol{C}$ 是正定函数，所以给定任意 $y\geqslant 0$，都有 $\mu(y)^{\mathrm{T}}\boldsymbol{C}^{-1}\mu(y)\geqslant 0$。因

此，对于任意再制造生产量 y,考虑金融对冲策略的利润方差 $Var(\prod_{\alpha^*(y)}(y,S \mid U,D))$ 总是不大于不考虑金融对冲策略的利润方差。这也揭示了金融对冲策略对再制造生产决策的影响。当然，如果顾客需求与金融工具之间不相关，$\mu(y)=0$，此时考虑金融对冲与不考虑金融对冲的利润方差相同，即金融对冲对再制造企业的方差不产生影响。

定理 5-4　考虑投资多种金融衍生品时的均值方差-效用 $H(y_\alpha^*(\theta),S \mid U,D,\theta)$ 不小于不考虑金融对冲策略的均值-方差效用 $H(y^* \mid U,D,\theta)$。

证明：根据上述的分析可知

$$Var(\prod_{\alpha^*(y)}(y,S \mid U,D)) = Var(\prod(y \mid U,D)) - \mu(y)^{\mathrm{T}}\boldsymbol{C}^{-1}\mu(y) \leqslant Var(\prod(y \mid U,D))$$

因此，

$$E[\prod(y^* \mid U,D)] - \theta Var[\prod_{\alpha^*(y)}(y^*,S \mid U,D)] \geqslant E[\prod(y^* \mid U,D)] - \theta Var[\prod(y^* \mid U,D)]。$$

此时，有且只有一种可能性，

$$H(y_\alpha^*(\theta),S \mid U,D,\theta) \geqslant E[\prod(y^* \mid U,D)] - \theta Var[\prod_{\alpha^*(y)}(y^*,S \mid U,D)],$$

即 $H(y_\alpha^*(\theta),S \mid U,D,\theta) \geqslant H(y^* \mid U,D,\theta)$。因此，考虑投资多种金融衍生品时的均值-方差效用 $H(y_\alpha^*(\theta),S \mid U,D,\theta)$ 不小于不考虑金融对冲策略的均值-方差效用 $H(y^* \mid U,D,\theta)$。

根据定理 5-2 和定理 5-4 可知，金融对冲策略可以有效地提高再制造商的效用，这正是本研究的价值所在。接下来，我们将通过定理 5-5 给出考虑金融对冲时，再制造商最优的再制造生产量。

定理 5-5　对于任意风险系数 $\theta>0$，考虑金融对冲策略时再制造商的再制造生产量不大于不考虑金融对冲时的再制造生产量。考虑金融对冲策略时的均值-方差效用函数是拟凸函数，最优再制造生产量为 $y_{\alpha^*}(\theta)=\Theta_{\alpha^*}^{-1}(\theta)$。此外，最优再制造生产量 $y_{\alpha^*}(\theta)$ 随着风险系数 θ 的增大而减小，$y_{\alpha^*}(0)=y^*$，$y_{\alpha^*}(+\infty)=0$。其中，y^* 为期望利润最大化时的最优再制造生产量。

证明：假设存在一个最优再制造生产量 $y_{\alpha^*}(\theta)>y^*$。根据期望值的凸性，我们可得

$$E[\prod(y_{\alpha}^{*}(\theta),S \mid U,D,\theta)] < E[\prod(y^{*},S \mid U,D,\theta)]$$

另一方面,方差随着生产量的增加而增大,即

$$Var[\prod(y_{\alpha}^{*}(\theta),S \mid U,D,\theta)] \geqslant Var[\prod(y^{*},S \mid U,D,\theta)]$$

因此可得,当再制造生产量为 $y_{\alpha^{*}}(\theta)$ 时的均值-方差效用值小于再制造生产量为 y^{*} 时的均值-方差效用值,即 $H(y_{\alpha}^{*}(\theta),S \mid U,D,\theta) < H(y^{*},S \mid U,D,\theta)$,与 $y_{\alpha^{*}}(\theta)$ 占优的假设矛盾。所以,对于任意风险系数 $\theta > 0$,考虑金融对冲策略时再制造商的再制造生产量不大于不考虑金融对冲时的再制造生产量。因此,我们只需在区间$[0,y^{*}]$上优化金融对冲策略时的再制造生产量即可。

令 $m(y) = E[\prod(y,S \mid U,D,\theta)]$,$v(y) = Var[\prod(y,S \mid U,D,\theta)]$,对于任意风险系数 $\theta > 0$

$$\frac{\mathrm{d}H(y,S \mid U,D,\theta)}{\mathrm{d}y} = m'(y) - \theta v'_{\alpha^{*}}(y) = 0 \qquad (5-12)$$

即求得考虑金融对冲策略时使得再制造商均值-方差效用最大化的再制造生产量 $y_{\alpha^{*}}(\theta)$。因此,对于任意再制造生产量 y,令 $\Theta(y)$ 为满足最优条件 $m'(y) - \theta v'_{\alpha^{*}}(y) = 0$,则 $\Theta(y) = \dfrac{m'(y)}{v'_{\alpha^{*}}(y)}$。

一方面,通过定理3-4可知,在区间$[0,y^{*}]$上,$m'(y) \geqslant 0$,$m''(y) \leqslant 0$;另一方面,$v_{\alpha^{*}}(y) = v(y) - \mu(y)^{T}C^{-1}\mu(y)$ 在区间$[0,y^{*}]$上是关于 y 的非减凹函数。因此,$\Theta(y)$ 在非占优区间$[0,y^{*}]$上是关于 y 的减函数。此外,$\Theta(0) = \dfrac{E[U]}{2p(-Cov(f(S),D)^{T}C^{-1}Cov(f(S),D) + Cov(U,D))}$,$\Theta(y^{*}) = 0$。到此为止,我们已经证明了风险规避程度在区间 $\theta \in [0,\Theta(0)]$ 上的再制造商,随着 y 的值从0增大到 y^{*},$\Theta(y)$ 的值从 $\Theta(0)$ 减小到0;在区间$(y^{*},+\infty)$上,$\Theta(y) \leqslant 0$。在非占优区间$[0,y^{*}]$上,再制造商均值-方差效用函数的二阶导数为 $\dfrac{\mathrm{d}^{2}H(y,S \mid U,D,\theta)}{\mathrm{d}y^{2}} = m''(y) - \theta v''_{\alpha^{*}}(y) \leqslant 0$。因此可证均值-方差效用函数是在区间$[0,y^{*}]$上的凸函数。此外,当 $y = 0$ 时,均值-方差效用函数的一阶导数值可表示为 $\dfrac{\mathrm{d}H(y,S \mid U,D,\theta)}{\mathrm{d}y}\Big|_{y=0} = -c_{r}e^{T}\{E[U] + 2\theta p(-Cov(f(S),D)^{T})C^{-1}Cov(f(S),U) + Cov[U,D]\} \geqslant 0$。在区间$(y^{*},+\infty)$上,由于

$m(y)$ 在区间$(y^*, +\infty)$ 上递减，和 $v_\alpha(y)$ 在区间$(y^*, +\infty)$ 上递增，所以式(5-12) 在区间$(y^*, +\infty)$ 上非正。因此，均值-方差效用函数在区间$(y^*, +\infty)$ 上递减。这说明均值-方差效用函数为拟凸函数，最优再制造量在区间$[0, y^*]$ 上。对于任意 $0 \leqslant \theta \leqslant \Theta(0)$，取 $\theta(y)$ 的逆 Θ^{-1} 即可得到相应的最优再制造量 $y_{\alpha^*}(\theta) = \Theta_{\alpha^*}^{-1}(\theta)$。由于 $\Theta(y)$ 是关于 y 的减函数，因此可得最优再制造生产量 $y_{\alpha^*}(\theta)$ 随着风险系数 θ 的增大而减小。接下来，我们将通过算例分析进一步证实金融对冲策略对再制造生产系统的影响。

5.4　算法设计

本章的模型是在第三章中的考虑再制造商风险规避的生产决策模型基础上加入了金融对冲策略，因此接下来我们将在参考第三章算法的同时，运用蒙特卡洛模拟求解考虑金融对冲策略的再制造生产决策优化模型，具体求解步骤如下：

(1) 确定随机变量和决策变量。随机变量为再制造产出率 U 和顾客需求 D，二者互相独立，服从指定的随机概率分布；决策变量为再制造生产量 y。

(2) 根据随机变量的概率分布生成伪随机数，生成为随机数的方法有很多种，例如直接法、逆转法和接受拒绝法等，本研究将直接用 MATLAB 中的 Random 函数生成伪随机数。

(3) 确定模拟次数。一般来说，模拟次数越多，精度越大，所花费的时间越长。

(4) 对模拟结果进行统计分析。

(5) 根据定理 3-1 求出再制造商期望利润最大化时的再制造生产量。根据定理 3-1 可知，期望利润函数是再制造量的凹函数，且存在唯一最优解满足等式 $E[U1_{\{D>Uy\}}] = \dfrac{s - c_r e^{\eta H}}{s - p} E[U]$。因此，首先，当 $i = 1$ 时，令再制造量的初始值为 $y(1) = 0$，此时 $E[U1_{\{D>Uy(1)\}}] = E[U] < \dfrac{s - c_r e^{\eta H}}{s - p} E[U]$；然后，依次增加再制造量 $y(i) = (i-1)\Delta y$，其中 Δy 为再制造量增加步长，直至 $E[U1_{\{D>Uy(i)\}}] \geqslant \dfrac{s - c_r e^{\eta H}}{s - p} E[U]$；最后，比较 $\prod(y(i-1) \mid U, D)$ 和 $\prod(y(i) \mid U, D)$，如果 $\prod(y(i-1) \mid U, D) \geqslant \prod(y(i) \mid U, D)$，则使得再制造商期望利润最大化的再制造生产量

为 $y^* = y(i-1) = (i-2)\Delta y$，否则，$y^* = y(i) = (i-1)\Delta y$。

(6) 根据定理 5 - 5 求出考虑金融对冲策略时的最优再制造量，$y_{\alpha^*}(\theta) = \Theta_{\alpha^*}^{-1}(\theta)$。

(7) 根据定理 5 - 3 求出最优金融衍生品投资数量组合 $\boldsymbol{\alpha}^*(y) = -\boldsymbol{C}^{-1}\mu(y)$。

5.5 算例分析

结合文献 Gaur，Seshadri[①]算例，期初的股票价格 $S0$ 为 \$ 660，生产周期 $H = 6$ 月，无风险利率为 $\eta = 1\%/$年，回报率 $ST/S0$ 服从均值为 $\mu = 10\%/$年，标准差为 $\sigma = 20\%/$年的对数正态分布。顾客需求 $D = bST + \varepsilon$，其中 $b = 10$，ε 服从均值为零，标准差 $\sigma_\varepsilon = 600$ 的正态分布。再制造产出率 U 服从(0.5,1)上的均匀分布，产品价格 $p = 1$，再制造成本 $c_r = 0.4$，再制造品剩余价值 $s = 0.1$，再制造商风险系数 $\theta = 0.004$。

根据文献 Sayın，Karaesmen，Özekici[②]，Okyay，Karaesmen，Özekici[③]可知，目前常见的金融投资通常包含：(1) 期货；(2) 看涨期权；(3) 包含期货和看涨期权在内的金融衍生品的组合。因此，接下来的算例分析我们将考虑以下四种情境：(S1) 不考虑金融对冲的再制造生产决策优化问题；(S2) 考虑期货的再制造生产决策优化问题；(S3) 考虑看涨期权的再制造生产决策优化问题；(S4) 考虑期货和看涨期权的再制造生产决策优化问题。令 $f_1(S)$ 和 $f_2(S)$ 分别为期货和看涨期权的付清贷款本息和，则 $f_1(S) = S - e^{\eta H}S_0$，$f_2(S) = \max\{S-\kappa, 0\} - e^{\eta H}C$。其中，$C$ 和 κ 分别是看涨期权的期初价格和执行价格，在无套利风险情境下 $E[f_1(S)] = 0$，$E[f_2(S)] = 0$。

通过 MATLAB 中的蒙特卡洛模拟，我们可以得到四种情境下的最优再制造

① Gaur V, Seshadri S. Hedging inventory risk through market instruments[J]. Manufacturing & Service Operations Management, 2005, 7(2): 103 - 120.

② Sayın F, Karaesmen F, Özekici S. Newsvendor model with random supply and financial hedging: Utility-based approach[J]. International Journal of Production Economics, 2014, 154(8): 178 - 189.

③ Okyay H K, Karaesmen F, Özekici S. Hedging demand and supply risks in the newsvendor model[J]. OR Spectrum, 2015, 37(2): 475 - 501.

量、期望利润均值、利润方差、均值-方差效用及期货和看涨期权的购买最优量，如表 5 - 2 所示。

表 5 - 2　算例分析结果

	S1	S2	S3	S4
y^*	7 680.4	9 418.5	7 025.2	7 771.4
$E[\prod(y,S\mid U,D)]$	3 149.8	3 378. 9	2 965.7	3 175.3
$Var[\prod(y,S\mid U,D)]$	345 839.5	306 124.8	215 129.8	73 487.6
$MV[\prod(y,S\mid U,D)]$	1 766.4	2 154.4	2 105.2	2 881.4
$\alpha(y)$	—	−4.372 23	2.353 167	−6.074 2, 5.1560 78

根据表 5-2 可知，考虑金融对冲策略时的再制造商均值-方差效用大于不考虑金融对冲策略时的均值-方差效用，同时投资期货和看涨期权时的均值-方差效用大于只投资期货或看涨期权时的均值-方差效用。为了进一步探讨金融对冲策略对再制造生产决策的影响，接下来将对情境 S4 中的风险系数，需求标准差进行灵敏度分析，并与情境 S1 进行对比分析。

在其他参数不变的情况下，令风险系数 θ 从 0.002 逐步增至 0.020，四种情境下的再制造量和均值-方差效用如表 5 - 3 所示。一方面，四种情境下的再制造量均随着风险系数的增大而降低；另一方面，随着风险系数的增大，考虑运用一种金融衍生品进行风险对冲的情境 S2、S3 的再制造量与不考虑金融对冲的情境 S1 的再制造量均大幅度降低且趋于一致，而考虑两种金融衍生品组合的情境 S4 的再制造量却一致保持相对平稳地缓慢降低。结合图 5 - 2 所描述的均值-方差效用关于风险系数的变化趋势图可知，运用期货和看涨期权同时对冲再制造生产运作风险时效果整体最佳，即使当再制造商风险系数比较大时，仍然具有很好的鲁棒性。而只使用一种金融衍生品对冲再制造生产运作风险时，随着风险系数的增大，金融对冲风险的效果大幅度减弱。

表 5-3　关于风险系数 θ 的灵敏度分析

θ	y				MV			
	S1	S2	S3	S4	S1	S2	S3	S4
0.002	8 414.7	9 523.5	7 878.3	8 456.1	2 494.3	2 751.5	2 591.7	3 056.0
0.004	7 680.4	9 418.5	7 025.2	7 771.4	1 766.4	2 154.4	2 105.2	2 881.4
0.006	6 386.4	9 378.0	6 555.6	7 324.2	1 153.9	1 545.7	1 735.8	2 774.2
0.008	3 928.5	9 354.6	6 178.5	7 008.3	852.2	931.9	1 403.3	2 680.2
0.010	3 110.4	3 110.4	5 744.7	6 811.2	676.0	676.1	1 062.5	2 606.6
0.012	2 588.4	2 588.4	5 293.8	6 533.1	563.0	563.1	807.5	2 527.3
0.014	2 192.4	2 192.4	4 243.5	6 499.8	475.9	475.9	572.1	2 522.3
0.016	1 935.0	1 935.0	2 541.6	6 435.9	418.9	418.9	471.3	2 496.9
0.018	1 752.3	1 752.3	2 082.6	6 219.9	381.0	381.0	411.5	2 449.3
0.020	1 553.4	1 553.4	1 775.7	6 162.3	337.4	337.4	359.2	2 432.1

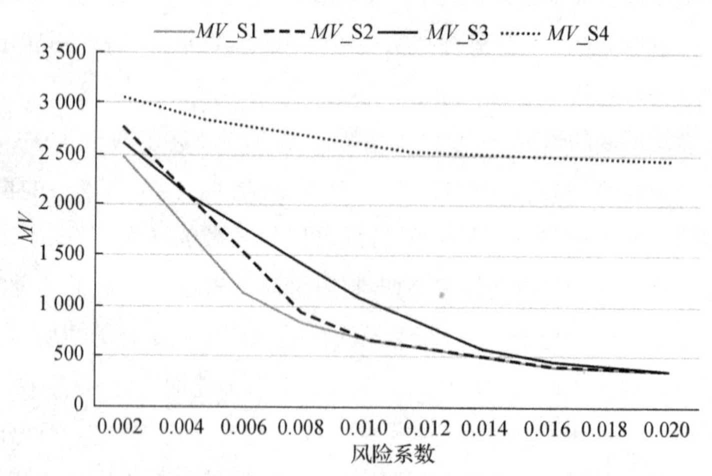

注：MV_S1：情境 S1 的均值-方差效用，MV_S2：情境 S2 的均值-方差效用，MV_S3：情境 S3 的均值-方差效用，MV_S4：情境 S4 的均值-方差效用，下同。

图 5-2　均值-方差效用关于风险系数的变化趋势图

在其他参数不变的情况下，令需求标准差 σ_ε 从 200 逐渐增至 2 000，最优再制造量和均值-方差效用如表 5-4 所示。一方面，随着需求标准差的增大，四种情境下的最优再制造量均降低，且降低的速度基本保持一致；另一方面，随着需求标准差的增大，四种情境下的均值-方差效用均减小，且运用期货和看涨期权同时对冲再制造风险模型的均值-方差效用始终大于只运用期货或看涨期权对冲再制造风险模型的均值-方差效用，考虑金融对冲策略的再制造模型的均值-方差效用始终大于不考虑金融对冲策略的再制造模型的均值-方差效用。这表明考虑金融对冲策略再制造生产决策模型优于不考虑金融对冲策略的再制造生产决策模型，且运用多种金融衍生品组合对冲再制造运作风险的效果优于运用一种金融衍生品对冲再制造运作风险的效果。

表 5-4　关于需求标准差 σ_ε 的灵敏度分析

σ_ε	y				MV			
	S1	S2	S3	S4	S1	S2	S3	S4
200	8 502.3	9 999.9	7 497.9	8 503.2	1 990.7	2 633.5	2 255.2	3 157.9
400	8 108.1	9 868.5	7 298.1	8 145.0	1 868.0	2 406.8	2 163.2	3 029.5
600	7 680.4	9 418.5	7 025.2	7 771.4	1 766.4	2 154.4	2 105.2	2 881.4
800	6 981.3	8 484.3	6 647.4	7 287.3	1 660.2	1 803.3	1 989.9	2 696.3
1 000	6 395.4	7 071.3	6 367.5	6 838.2	1 579.9	1 614.7	1 884.3	2 533.8
1 200	5 898.6	6 088.5	5 970.6	6 424.2	1 506.2	1 521.9	1 747.0	2 349.6
1 400	5 461.2	5 604.3	5 608.8	6 021.0	1 398.0	1 410.3	1 591.8	2 136.3
1 600	5 115.6	5 190.3	5 349.6	5 728.5	1 348.0	1 355.3	1 526.9	2 048.5
1 800	4 699.8	4 748.4	4 876.2	5 254.2	1 250.8	1 256.4	1 372.7	1 818.2
2 000	4 301.1	4 351.5	4 467.6	4 861.8	1 130.3	1 137.1	1 213.4	1 616.6

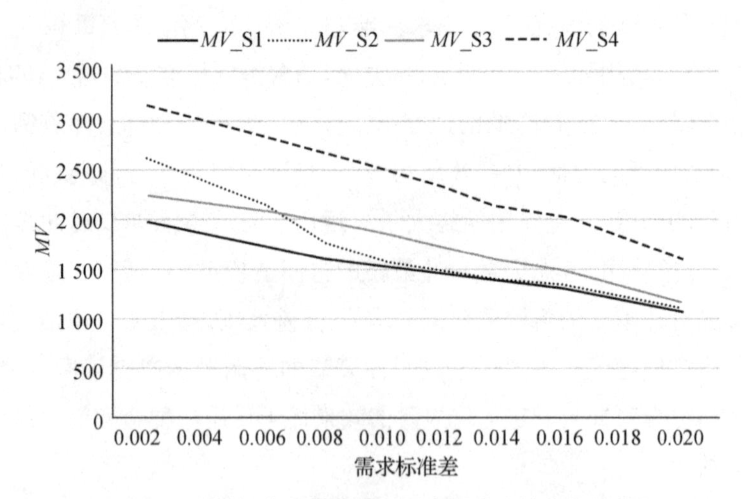

图 5-3　均值-方差效用关于需求标准差的变化趋势图

为了进一步探讨金融对冲策略对再制造生产决策的影响，在其他参数不变的情况下，再制造风险系数 θ 分别为 0.004 和 0.020，回报率 $ST/S0$ 的标准差 σ 分别为 5%/年，10%/年，15%/年和20%/年，用MATLAB中的蒙特卡洛模拟，可得相关结果，如表 5-5 所示。

表 5-5　回报率 $ST/S0$ 的标准差 σ 的灵敏度分析

	$\theta=0.004$				$\theta=0.020$			
	S1	S2	S3	S4	S1	S2	S3	S4
5%	2 465.3	2 547.1	2 939.6	3 053.5	339.8	339.8	2 318.9	2 764.4
10%	2 215.0	2 456.4	2 674.2	2 999.1	341.1	342.0	1 382.4	2 694.8
15%	1 951.9	2 307.1	2 390.7	2 950.9	337.1	337.2	384.9	2 529.3
20%	1 774.7	2 162.8	2 104.4	2 871.2	337.4	337.4	359.2	2 432.1

根据表 5-5 所描述的回报率 $ST/S0$ 的标准差 σ 的灵敏度分析可以得出以下几个结论：(1) 随着回报率 $ST/S0$ 的标准差 σ 的增大，四种情境下的均值-方差效用均降低；(2) 考虑金融对冲策略时再制造商的均值-方差效用总是优于不考虑金融对冲策略时再制造商的均值-方差效用；(3) 情景 S4 的鲁棒性最好。无论在再制造商风险规避程度比较小时($\theta=0.004$)，还是在再制造商风险规避程度比较大时($\theta=0.020$)，情境 S4 的鲁棒性总是很好，即投资包含期货和看涨期权在内的金融

衍生品的组合时，再制造商均值-方差效用受回报率$ST/S0$的标准差σ的影响总是四种情境中最小的。

对比图5-4和图5-5可以发现，当再制造风险规避程度比较小时($\theta=0.004$)，四种情境下的均值-方差效用的差别比较小；当再制造风险规避程度比较大时($\theta=0.02$)，情境S2与情境S1的差别很小，即只购买期货的投资行为在对冲再制造风险方面的作用变得很小；当再制造风险规避程度比较大时($\theta=0.020$)且回报率$ST/S0$标准差也比较大时($\sigma=15\%,20\%$)，情境S3与情境S1的差别也变得很小，即只购买看涨期权的投资行为在对冲再制造风险方面的作用变得很小；而情境S4的鲁棒性一直很好，即同时投资多种金融衍生品有助于提高金融对冲在缓解再制造生产风险方面的效果。

通过上述分析可知，金融对冲策略可以有效缓解再制造生产过程中的运作风险，但随着再制造商风险规避程度的增大或者运作风险的增大，金融对冲策略的效果减弱，尤其是在只运用一种金融衍生品对冲再制造生产决策风险时。因此，为了提高再制造商运用金融衍生品降低其运作风险的效果，再制造商应投资多种金融衍生品来对冲其生产运作风险。

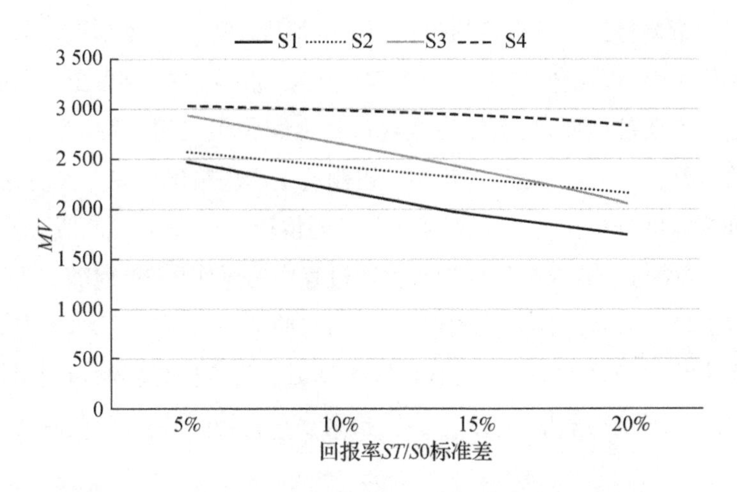

图5-4　风险系数$\theta=0.004$时均值-方差效用关于回报率$ST/S0$标准差的变化趋势图

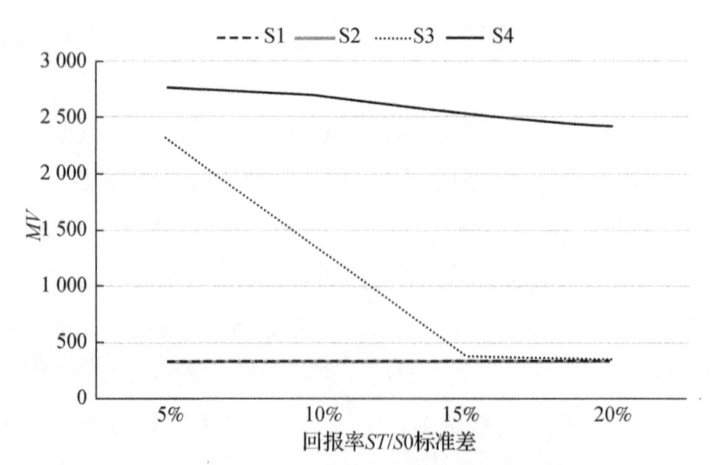

图 5-5 风险系数 $\theta=0.020$ 时均值-方差效用关于回报率 $ST/S0$ 标准差的变化趋势图

5.6 本章小结

本章在顾客需求量与金融衍生品的价格相关的假设下，将金融对冲策略引入再制造生产决策模型中，以缓解再制造运作过程中所面临的运作风险。本研究所提及的金融对冲策略特指再制造商通过投资金融衍生品以对冲再制造过程中所面临的需求的不确定性。以均值-方差模型为建模框架，假设再制造商在用回收原材料进行再制造生产活动的同时，可以在金融市场上购买相应的金融衍生品以降低再制造的风险，构建了考虑金融对冲策略的再制造生产决策优化模型和算法，并通过数值算例和灵敏度分析探讨了金融对冲在不同情境下的作用与价值。研究结果表明，金融对冲策略可以有效缓解再制造生产过程中的运作风险，但随着再制造商风险规避程度的增大或者运作风险的增大，金融对冲策略的效果减弱，尤其是只运用一种金融衍生品对冲再制造生产运作风险时。因此，为了提高再制造商运用金融衍生品降低其运作风险的效果，再制造商应投资多种金融衍生品来对冲其生产运作风险。

第六章　集成运作对冲和金融对冲策略的再制造生产决策优化

6.1　引言

通过第四章和第五章的研究，分别论证了引入运作对冲策略和金融对冲策略的价值和意义，本章将研究集成运作对冲和金融对冲策略的再制造生产决策优化问题，以期从生产运作和金融运作两方面共同管理再制造生产运作过程中的不确定性，并进一步剖析运作对冲策略和金融对冲策略之间的相互作用关系、适用条件及对再制造商生产决策的影响。第四章分别探讨了多源采购柔性和后备采购柔性两种运作对冲对再制造商风险控制的作用与价值，研究表明，两种运作对冲策略都可以有效地缓解再制造商的运作风险，二者的差异主要体现在后备采购/制造成本与正常的采购/制造成本的差异，以及再制造产出率信息的更新。两种运作对冲策略都是针对再制造商供应端的风险，它们互为替代关系。本章以多源采购柔性为例，探讨运作对冲和金融对冲两种对冲策略的相互关系。因此，本章中所提及的运作对冲特指多源采购柔性。

6.2　问题描述

假设存在一个风险规避的再制造商，期初从原材料现货市场中同时采购新品原材料和回收品原材料进行制造和再制造生产活动，以满足生产周期末的顾客需求，其中有一个新品原材料供应商和 $m-1$ 个回收品原材料供应商。与此同时，假设顾客需求量与金融衍生品的价格相关，因此，再制造商进行再制造生产活动的同时，也从产成品金融交易市场上购入相应的金融衍生品以降低产品需求不确定的风险，如图6-1所示。再制造商通过多源采购的运作对冲方式和购买金融衍生品的方式对冲再制造生产过程中所面临的风险。假设再制造品的品质与新品没有差异，顾客认可度与销售价格与新品相同，顾客的需求随机，再制造的产出率随机，再制造商以效用最大化为目标，决策新品原材料和回收品原材料的采购量以及金融衍生品的购买品种及数量，生产周期末顾客需求实现，未得到满足的需求消失，剩余产品的残值低于销售价格。

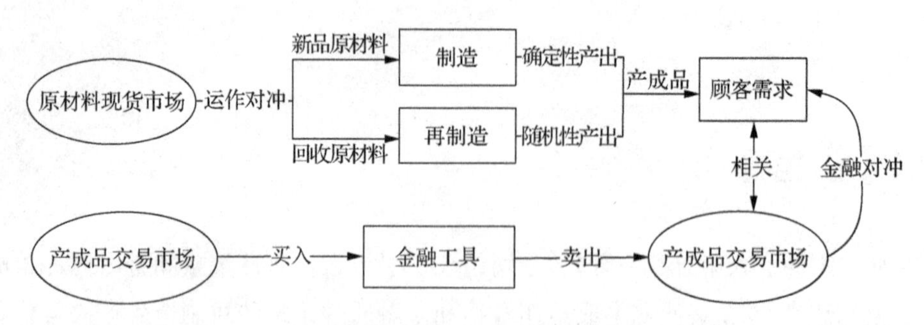

图 6-1　集成运作对冲和金融对冲的再制造生产系统

本章主要涉及的参数和变量如下

H　生产周期长度

η　无风险利率

c_m　单位新品采购及生产成本

c_r　单位再制造品采购及生产成本

s　剩余产品的残值

U^i　第 i 种回收原材料的产出率，$0 < U^i \leqslant 1$

p　产成品价格，$p > c_m e^{\eta H} > c_r e^{\eta H}/E(U) \geqslant s > 0$

y_m　新品原材料的采购量

y_r^i　从第 i 个回收原材料供应商处所采购的原材料量

Y　期望产出量，$Y = y_m + \sum_{i=1}^{m-1} U^i y_r^i$

D　顾客需求量，服从一个已知的随机分布，分布函数为 $F_D(x) = P(D \leqslant x)$，密度函数为 $f_D(x)$

S_j　生产周期末第 j 种金融衍生品的价格

$f_j(S)$ 第 j 种金融衍生品的净利润

m　供应商总数，包含一个新品原材料供应商和 $m-1$ 个回收品原材料

供应商

n　　购买金融衍生品的数量

6.3　模型构建

假设顾客的需求与金融衍生品的价格相关，再制造商同时运用运作对冲和金融对冲策略缓解运作过程中所面临的风险。再制造商不仅要决策其制造量和再制造量，还要决策如何购买金融衍生品对冲其运作过程中所面临的风险。假设再制造商的生产周期为 H，其间的无风险利率为 η。令 S_j 和 $f_j(S)$ 分别表示生产周期末第 j 种金融衍生品的价格及其净利润，$\boldsymbol{\alpha}=(\alpha_1,\alpha_2,\cdots,\alpha_n)$ 表示各种金融衍生品的投资数量组合，$Y=y_m+\sum_{i=1}^{m-1}U^i y_r^i$ 表示产成品的期望产出量。因此，考虑运作对冲和金融对冲策略的利润函数可以表示为

$$\prod(Y,S\mid \boldsymbol{U},D)=\prod(Y\mid \boldsymbol{U},D)+\sum_{j=1}^{n}\alpha_j f_j(S_j) \tag{6-1}$$

其中

$$\prod(Y\mid U,D)=(p-s)\min\left\{y_m+\sum_{i=1}^{m-1}U^i y_r^i,D\right\}+ s\left(y_m+\sum_{i=1}^{m-1}U^i y_r^i\right)-\left(c_m y_m+c_r\sum_{i=1}^{m-1}U^i y_r^i\right)e^{\eta H}。$$

此时，再制造商可以通过优化制造 / 再制造生产量和金融衍生品的购买量，以达最大化其效用的目标，即

$$\max H(Y,S\mid \boldsymbol{U},D,\theta)=E\left[\prod(Y,S\mid \boldsymbol{U},D)\right]-\theta Var\left[\prod(Y,S\mid \boldsymbol{U},D)\right]$$

$$=E\left[\prod(Y,S\mid \boldsymbol{U},D)\right]-\theta Var\left[\prod(Y\mid \boldsymbol{U},D)+\sum_{j=1}^{n}\alpha_j f_j(S)\right] \tag{6-2}$$

在无套利风险的假设下，金融衍生品的期望净利润为零，即 $E[f_j(S)]=0$，$E\left[\prod(Y,S\mid \boldsymbol{U},D)\right]=E\left[\prod(Y\mid \boldsymbol{U},D)\right]$。也就是说，购买金融衍生品的行为只对再制造商的利润方差有影响，对再制造商的利润没有影响。

因此，我们可以采用逆向优化的方法对集成运作对冲和金融对冲的再制造生产决策问题进行优化。首先，求出给定生产量 Y 时，最优的金融衍生品购买量；然后，以均值-方差效用最大化为目标，求出最优的制造和再制造生产量。

对于任意给定的生产量 $Y = y_m + \sum_{i=1}^{m-1} U^i y_r^i$，可以通过优化金融投资组合 $\alpha^*(Y)$ 最小化其利润方差，即

$$\min Var(\prod_{\alpha}(Y,S \mid \boldsymbol{U},D)) = \min Var(\prod(Y \mid \boldsymbol{U},D) + \sum_{j=1}^{n} \alpha_j f_j(S))$$

$$= \min\Big[\sum_{i=1}^{n}\sum_{j=1}^{n} \alpha_i\alpha_j Cov(f_i(S), f_j(S)) + 2\sum_{j=1}^{n} \alpha_j Cov(f_j(S), \prod(Y \mid \boldsymbol{U},D)) + Var(\prod(Y \mid \boldsymbol{U},D))\Big] \quad (6-3)$$

利润方差的紧凑矩阵形式可表示为

$$Var(\prod_{\alpha}(Y,S \mid \boldsymbol{U},D)) = \boldsymbol{\alpha}^{\mathrm{T}}\boldsymbol{C}\boldsymbol{\alpha} + 2\boldsymbol{\alpha}^{\mathrm{T}}\mu(Y) + Var(\prod(Y \mid \boldsymbol{U},D)) \quad (6-4)$$

其中，$\boldsymbol{\alpha}$ 是列向量，$\boldsymbol{\alpha}^T$ 是 $\boldsymbol{\alpha}$ 的转置，$\boldsymbol{C}_{ij} = Cov(f_i(S), f_j(S))$ 是金融衍生品之间的协方差矩阵，$\mu_i(Y) = Cov(f_i(S), \prod(Y \mid U,D))$ 是金融衍生品与利润之间的协方差向量。最优金融衍生品投资组合可以用定理 6 - 1 所示的紧凑公式表示。

定理 6 - 1　给定生产量 Y，方差最小化的最优金融衍生品投资数量组合可以表示为

$$\boldsymbol{\alpha}^*(Y) = -\boldsymbol{C}^{-1}\mu(Y)$$

证明：求式(6 - 3) 关于 $\boldsymbol{\alpha}$ 的梯度并令其等于 0，可以得到一阶最优条件

$$\boldsymbol{C}\boldsymbol{\alpha} + \mu(Y) = \boldsymbol{0}$$

其中，$\boldsymbol{0} = (0,0,\cdots,0)$ 是零向量。此外，协方差矩阵 $\boldsymbol{C}$ 是式(6 - 3) 的海森矩阵，由于协方差矩阵 $\boldsymbol{C}$ 是正定的，所以 $\boldsymbol{\alpha}(y) = -\boldsymbol{C}^{-1}\mu(Y)$ 是式(6 - 3) 的极小值，即 $\boldsymbol{\alpha}^*(Y) = -\boldsymbol{C}^{-1}\mu(Y)$ 是方差最小化的最优金融衍生品投资组合。

将 $\boldsymbol{\alpha}^*(Y) = -\boldsymbol{C}^{-1}\mu(Y)$ 代入方差矩阵 (6 - 3)，可得

$$Var(\prod_{\alpha^*(Y)}(Y,S \mid \boldsymbol{U},D)) = Var(\prod(Y \mid \boldsymbol{U},D)) - \mu(Y)^{\mathrm{T}}\boldsymbol{C}^{-1}\mu(Y) \quad (6-5)$$

接下来，我们将最优金融衍生品投资组合 $\boldsymbol{\alpha}^*(Y)$ 代入式(6 - 2)，求使得均值-方差效用函数最大化时的最优生产量，目标函数变为

$$\max H(Y,S \mid \boldsymbol{U},D,\theta) = E(\prod(Y \mid \boldsymbol{U},D)) - \theta Var(\prod_{\alpha^*(Y)}(Y,S \mid \boldsymbol{U},D))$$

$$= E(\prod(Y \mid \boldsymbol{U},D)) - \theta[Var((\prod(Y \mid \boldsymbol{U},D)) - \mu(Y)^{\mathrm{T}}\boldsymbol{C}^{-1}\mu(Y))] \quad (6-6)$$

由于协方差 $\boldsymbol{C}$ 是正定函数，所以给定任意 $Y \geqslant 0$，都有 $\mu(Y)^{\mathrm{T}}\boldsymbol{C}^{-1}\mu(Y) \geqslant 0$。因

此，对于任意生产量 Y，考虑金融对冲策略的利润方差 $Var\left(\prod_{\alpha^*(Y)}(Y,S\mid \boldsymbol{U},D)\right)$ 总是不大于不考虑金融对冲策略的利润方差。

接下来，以均值-方差效用最大化为目标优化再制造商的制造量和再制造量。再制造商需要同时考虑利润函数的均值和方差，是一个多目标规划问题，运用帕累托方法进行优化。为了推导的便利性，将新品原材料的采购量看作产出率为 1 的回收品原材料，即 $Y=\sum_{i=1}^{m}U^i y_r^i$。

对于任意给定 $\theta\geqslant 0$，我们的优化问题变为

$$\max_{Y\geqslant 0,\alpha} H(Y,\boldsymbol{\alpha},\theta) \tag{6-7}$$

最优条件为

$$\frac{\partial H(Y,\boldsymbol{\alpha},\theta)}{\partial y_i}=H_{y_i}(Y,\boldsymbol{\alpha},\theta)=0 \tag{6-8}$$

$$\frac{\partial H(Y,\boldsymbol{\alpha},\theta)}{\partial \alpha_j}=H_{\alpha_j}(Y,\boldsymbol{\alpha},\theta)=0 \tag{6-9}$$

其中，$i=1,2,\cdots,m,j=1,2,\cdots,n$。

通过定理 6-1 可知，对于任意 Y，都有相对应的 $\boldsymbol{\alpha}^*(Y)=-\boldsymbol{C}^{-1}\mu(Y)$ 满足

$$H_{\alpha_j}(Y,\boldsymbol{\alpha}^*(Y),\theta)=0 \tag{6-10}$$

因为式(6-8)和式(6-9)必须同时满足，所以式(6-8)也相应的变为

$$H_{y_i}(Y,\boldsymbol{\alpha}^*(Y),\theta)=0 \tag{6-11}$$

因此，对于任意给定 $\theta\geqslant 0$，优化问题转变为

$$\max_{Y\geqslant 0} H(Y,\boldsymbol{\alpha}^*(Y),\theta) \tag{6-12}$$

最优条件为

$$\begin{aligned}\frac{\partial H(Y,\theta)}{\partial y_i}&=\sum_{i=1}^{m}H_{y_i}(Y,\boldsymbol{\alpha}^*(Y),\theta)+\sum_{j=1}^{m}H_{\boldsymbol{\alpha}j}(Y,\boldsymbol{\alpha}^*(Y),\theta)\frac{\mathrm{d}\alpha_j^*(Y)}{\mathrm{d}y_i}\\&=\sum_{i=1}^{m}H_{y_i}(Y,\boldsymbol{\alpha}^*(Y),\theta)=0\end{aligned} \tag{6-13}$$

由于式(6-11)和式(6-13)等价，所以如果存在 $\boldsymbol{\alpha}^*(Y)$ 满足式(6-10)，则使式(6-7)最优的 Y^* 也能使得式(6-12)最优。因此，式(6-7)的最优解为 $(Y^*,\boldsymbol{\alpha}^*(Y))$。

将 $\boldsymbol{\alpha}^*(Y)=-\boldsymbol{C}^{-1}\mu(Y)$ 代入目标函数式(6-2)，可得

$H(Y,S\mid \boldsymbol{U},D,\theta)=H(Y,S,\boldsymbol{\alpha}^*(Y)\mid \boldsymbol{U},D,\theta)$

$$= E[\prod(Y,S \mid \boldsymbol{U},D)] - \theta[Var\prod(Y \mid \boldsymbol{U},D) - \mu(Y)^T\boldsymbol{C}^{-1}\mu(Y)] \tag{6-14}$$

对于任意生产量 Y，考虑金融对冲策略的利润方差 $Var(\prod_{\alpha^*(Y)}(Y,S \mid U,D))$ 总是不大于不考虑金融对冲策略的利润方差。这也揭示了金融对冲策略对再制造生产决策的影响。

根据定理 4-7 和定理 5-5 可得，考虑运作对冲和金融对冲策略时再制造商的新品原材料和回收原材料的采购量均不大于只考虑运作对冲策略时的采购量，只考虑运作对冲策略时，以均值-方差效用最大化为目标的采购量不大于以利润最大化为目标时的采购量。因此，我们可以首先根据定理 4-7 求得以利润最大化为目标时新品原材料的采购量 y_m^* 和第 i 个回收原材料供应商处的采购量 $y_r^{i,*}$，然后在区间 $[0,y_m^*]$ 和区间 $[0,y_r^{i,*}]$ 上优化新品原材料采购量和回收原材料采购量。我们将通过算例分析进一步证实运作对冲和金融对冲策略对再制造生产系统的影响。

6.4 算法设计

本章的模型是在第四章中的考虑运作对冲策略的再制造生产决策模型基础上加入了金融对冲策略，因此接下来我们将在参考第四章算法的同时，运用蒙特卡洛模拟求解集成运作对冲和金融对冲策略的再制造生产决策优化模型，具体求解步骤如下：

(1) 确定随机变量和决策变量。随机变量为再制造产出率 $\boldsymbol{U}$ 和顾客需求 D，二者互相独立，服从特定的随机概率分布；决策变量为新品原材料的采购量 y_m 和从第 i 个回收原材料供应商处的采购量 y_r^i。

(2) 根据随机变量的概率分布，用 MATLAB 中的 Random 函数生成伪随机数。

(3) 确定模拟次数。

(4) 对模拟结果进行统计分析。

(5) 根据定理 4-2 求出期望利润最大化时的新品原材料量 y_m^* 和回收原材料的采购量 y_r^*。首先，当 $i=1$ 时，令新品原材料初始采购数量为 0，$y_m(1)=0$，根据式 (4-14) 计算出回收原材料的采购数量，并计算出均值-方差效用值；然后，依次提高新品原材料的采购数量，计算出相应的回收原材料的采购数量和均值-方差效用值，并比较均值-方差效用值 $H(i-1)$ 和 $H(i)$，如果 $H(i-1)>H(i)$，则停止循环，$y_m(i-1)$ 对应的回收原材料采购数量即为所要求得的结果。

(6) 根据定理 4-4 遍历区间$[0, y_m^*]$和区间$[0, y_r^*]$上的均值-方差效用值，得到均值-方差效用值最大的 y_m 和 y_r 即为的新品原材料和回收原材料的最优采购量。

(7) 根据定理 6-1 求得最优金融衍生品投资数量组合可以表示为 $\boldsymbol{\alpha}^*(Y)=-\boldsymbol{C}^{-1}\mu(Y)$。

6.5　算例分析

结合文献 Gaur，Seshadri[①] 算例，期初的股票价格 $S0$ 为 \$ 660，生产周期 $H=6$ 月，无风险利率为 $\eta=1\%$/年，回报率 $ST/S0$ 服从均值为 $\mu=10\%$/年，标准差为 $\sigma=20\%$/年的对数正态分布。顾客需求 $D=bST+\varepsilon$，其中 $b=10$，ε 服从均值为零，标准差 $\sigma_\varepsilon=600$ 的正态分布。再制造产出率 U 服从(0.5，1) 上的均匀分布，产品价格 $p=1$，再制造成本 $c_r=0.4$，制造成本 $c_m=0.6$，再制造品剩余价值 $s=0.1$，再制造商风险系数 $\theta=0.004$。

为了进行对比分析，我们将考虑以下六种情境：(S1) 不考虑运作对冲和金融对冲策略；(S2) 只考虑运作对冲策略；(S3) 不考虑运作对冲，只投资一种金融衍生品；(S4) 不考虑运作对冲，投资两种金融衍生品；(S5) 考虑运作对冲，只投资一种金融衍生品；(S6) 考虑运作对冲，投资两种金融衍生品，算例分析结果如表 6-1 所示。

表 6-1　算例分析结果

	S1	S2	S3	S4	S5	S6
y_m^*	0	3 266.1	0	0	3 113.3	0
y_r^*	7 680.4	3 094.0	9 418.5	7 771.4	3 685.5	7 771.4
$E[\prod(y,S\mid U,D)]$	3 149.8	2 485.3	3 378.9	3 175.3	2 634.6	3 175.3
$Var[\prod(y,S\mid U,D)]$	345 839.5	92 268.0	306 124.8	73 487.6	117 799.4	73 487.6
$MV[\prod(y,S\mid U,D)]$	1 766.4	2 116.2	2 154.4	2 881.4	2 163.4	2 881.4
$\alpha(y)$	—	—	−4.4	−6.1，5.2	−1.5	−6.1，5.2

① Gaur V，Seshadri S. Hedging inventory risk through market instruments[J]. Manufacturing & Service Operations Management，2005，7(2)：103-120.

对比情境S1，情境S2，情境S3、情境S5可以发现，同时考虑运作对冲和金融对冲的情境S5的均值-方差效用最优，其次是只考虑金融对冲的情景；对比情境S1，情境S2，情境S4，情境S6可以发现，情境S4和情境S6的结果完全相同，即在本章给出的算例中，当再制造商选择投资两种金融衍生品时就无需再进行运作对冲即可达到系统最优状态。由此可知，再制造商并非总是需要同时进行运作对冲和金融对冲才能达到再制造生产系统最优状态。

另一方面，对比情境S1，情境S3和情境S4可知，考虑金融对冲策略时的最优再制造生产量总是大于不考虑金融对冲策略时的再制造生产量。由此可知，金融对冲策略可以有效地提高回收品的再制造率，促进循环经济的可持续发展。

为了更加深入地分析运作对冲策略和金融对冲策略对再制造生产决策及风险规避的影响，我们将对再制造商风险系数 θ、需求标准差 σ_ε 做灵敏度分析。

在其他参数值不变的情况下，令再制造商风险系数 θ 从0.002逐渐升至0.020，再制造商的制造/再制造量和均值-方差效用及其变化趋势如表6-2和图6-2所示。一方面，随着再制造商风险系数的增大，六种情景下的均值-方差效用均降低，其中不考虑运作对冲和金融对冲的情境S1的减小速度最快，其次是不考虑运作对冲，只考虑投资一种金融衍生品的情境S3。

表6-2　关于风险系数 θ 的灵敏度分析

		0.002	0.004	0.006	0.008	0.01	0.012	0.014	0.016	0.018	0.020
S1	y_m	0	0	0	0	0	0	0	0	0	0
	y_r	8 364	7 684	5 729	3 876	3 094	2 601	2 244	1 938	1 717	1 564
	MV	2 493	1 766	1 141	841	671	568	488	419	373	339
S2	y_m	0	3 196	3 893	4 114	4 233	4 352	4 403	4 420	4 420	4 454
	y_r	8 364	3 111	1 989	1 496	1 173	969	833	714	629	578
	MV	2 493	2 116	1 988	1 909	1 836	1 815	1 783	1 754	1 732	1 728
S3	y_m	0	0	0	0	0	0	0	0	0	0
	y_r	7 871	6 987	6 511	6 137	5 746	5 321	4 573	2 499	2 057	1 768
	MV	2 591	2 154	1 710	1 370	1 054	789	603	469	406	359

续表

		0.002	0.004	0.006	0.008	0.01	0.012	0.014	0.016	0.018	0.020
S4	y_m	0	0	0	0	0	0	0	0	0	0
	y_r	8 483	7 771	7 344	7 038	6 732	6 579	6 477	6 392	6 256	6 154
	MV	3 051	2 881	2 763	2 680	2 601	2 546	2 519	2 497	2 444	2 425
S5	y_m	0	2 635	3 944	4 199	4 301	4 420	4 454	4 471	4 454	4 488
	y_r	7 871	3 774	1 938	1 428	1 122	918	799	680	612	561
	MV	2 591	2 163	1 989	1 910	1 839	1 819	1 786	1 758	1 736	1 732
S6	y_m	0	0	0	0	0	0	0	0	0	0
	y_r	8 483	7 771	7 344	7 038	6 732	6 579	6 477	6 392	6 256	6 154
	MV	3 051	2 881	2 763	2 680	2 601	2 546	2 519	2 497	2 444	2 425

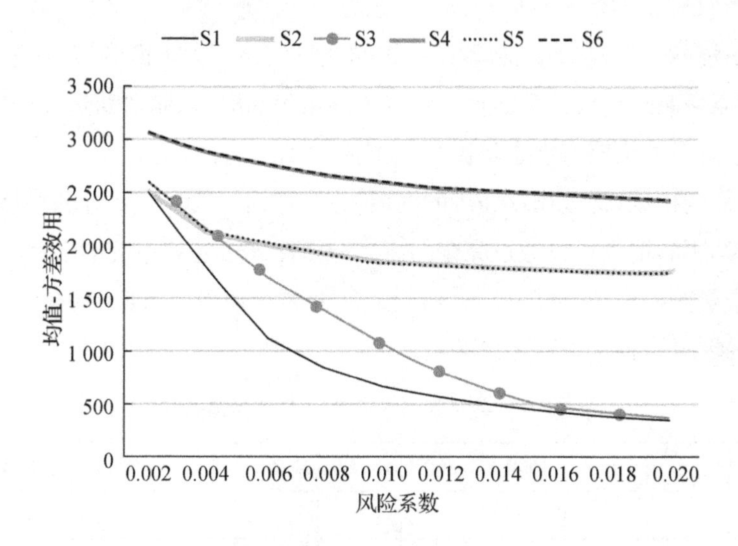

图 6-2　均值-方差效用关于风险系数 θ 的变化趋势图

另一方面，情境S4和情境S6的结果完全相同，说明在本算例中，当考虑投资两种金融衍生品时则无需再进行运作对冲的操作。情境S2和情境S5的优化结果十分相近，说明在本算例中，如果再制造商已经进行了运作对冲操作，则没有必要再考虑投资一种金融衍生品进行金融对冲的操作。通过上述对情境S4和情境S6以及情境S2和情境S5的对比分析可以发现，在本算例中，再制造商没有必要同时进行运作对冲和金融对冲的操作，只需选择进行运作对冲或者选择投资两种金融衍生品的金融对冲操作即可。需要补充的是，对比情境S2和情境S4可知，在本算例中，再制造商选择投资两种金融衍生品优于只进行运作对冲。此外，对比情境S3和情境S5可知，即当再制造商只投资一种金融衍生品时，风险系数越大，越有必要进行运作对冲的操作以提高再制造商的均值方差效用，否则，随着再制造商风险系数的增大，只投资一种金融衍生品的金融对冲行为的价值越来越小。

在其他参数值不变的情况下，令需求标准差 σ_ε 从200逐渐升至2 000，再制造商的制造/再制造量和均值-方差效用及其变化趋势如表6-3和图6-3所示。随着需求标准差的增大，六种情境下的均值-方差效用值均平稳降低。情境S4和情境S6的均值-方差效用值最大，其次是情境S2、情境S3、情境S5，不采用对冲策略的情境S1的均值-方差效用值最小。在本算例中，情境S4和情境S6的结果完全相同，说明当再制造商选择投资两种金融衍生品时则无需再进行运作对冲的操作。情境S2、情境S3和情境S5的值和变化趋势非常相近。

对比情境S2和情境S5，情境S5中再制造量的比例大于情境S2中再制造量的比例，即如果再制造商能且只能投资一种金融衍生品时，再制造商选择同时运用运作对冲和金融对冲策略有助于提高再制造品的生产比例，也有助于提高回收品的利用率，降低碳排放，促进循环经济的发展。另一方面，当再制造商同时投资两种金融衍生品时，再制造商可以通过完全的再制造活动即可达到系统的最优状态，这再次说明了金融对冲策略有助于提高再制造品的生产比例，有助于提高回收品的利用率，降低碳排放，促进循环经济的发展。

表6-3　关于需求标准差 σ_ε 的灵敏度分析

	σ_ε	200	400	600	800	1 000	1 200	1 400	1 600	1 800	2 000
S1	y_m	0	0	0	0	0	0	0	0	0	0
	y_r	8 415	8 245	7 684	7 208	6 375	5 916	5 457	4 947	4 760	4 301
	MV	1 948	1 885	1 757	1 681	1 575	1 516	1 419	1 300	1 263	1 142
S2	y_m	3 451	3 349	3 196	3 077	2 805	2 533	2 295	1 819	1 649	1 224
	y_r	3 213	3 162	3 111	3 043	2 992	2 992	2 941	2 975	2 958	2 992
	MV	2 234	2 179	2 091	2 019	1 879	1 766	1 627	1 428	1 370	1 200

续表

	σ_ε	200	400	600	800	1 000	1 200	1 400	1 600	1 800	2 000
S3	y_m	0	0	0	0	0	0	0	0	0	0
	y_r	7 429	7 259	6 987	6 766	6 341	6 018	5 661	5 151	4 947	4 505
	MV	2 225	2 182	2 094	2 005	1 874	1 767	1 631	1 452	1 389	1 234
S4	y_m	0	0	0	0	0	0	0	0	0	0
	y_r	8 483	8 143	7 684	7 327	6 851	6 392	6 103	5 559	5 321	4 896
	MV	3 142	3 022	2 852	2 714	2 527	2 349	2 179	1 943	1 848	1 648
S5	y_m	3 060	2 839	2 635	2 635	2 227	1 870	1 581	0	289	0
	y_r	3 655	3 757	3 774	3 553	3 655	3 774	3 774	5 151	4 590	4 505
	MV	2 239	2 184	2 098	2 024	1 886	1 775	1 639	1 452	1 389	1 234
S6	y_m	0	0	0	0	0	0	0	0	0	0
	y_r	8 483	8 143	7 684	7 327	6 851	6 392	6 103	5 559	5 321	4 896
	MV	3 142	3 022	2 852	2 714	2 527	2 349	2 179	1 943	1 848	1 648

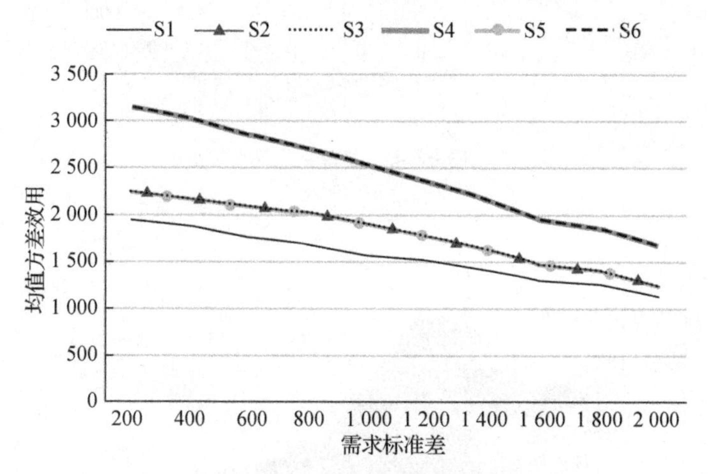

图 6-3　均值-方差效用关于需求标准差 σ_ε 的变化趋势图

通过上述分析可知，在本算例中，如果再制造商可以选择同时投资两种金融衍生品时，则再制造商通过金融对冲就可达到系统的最优状态，并可以实现全部再制造；如果再制造商能且只能选择投资一种金融衍生品时，则再制造商同时进行运作对冲和金融对冲策略有助于提高回收品的再制造率。

为了更加清晰的分析运作对冲策略和金融对冲对冲策略对再制造生产系统的影响，接下来我们将首先通过对比考虑运作对冲的情境 S2 和集成运作对冲和金融对冲的情境 S6。通过 MATLAB 中的蒙特卡洛模拟，得到的结果如图 6－4 所示，期望利润函数是凹函数，并存在唯一的全局最优解；如图 6－5 所示，虽然利润方差函数并不是严格的凹函数，但它是关于生产量 y_i 的非递减有界函数；如图 6－6 和图 6－7 所示，不考虑金融对冲和考虑金融对冲的均值-方差效用函数均有全局最大值。由图 6－5 可知，考虑金融对冲的利润方差总是小于不考虑金融对冲的利润方差，这表明金融对冲策略可以有效缓解运作风险。

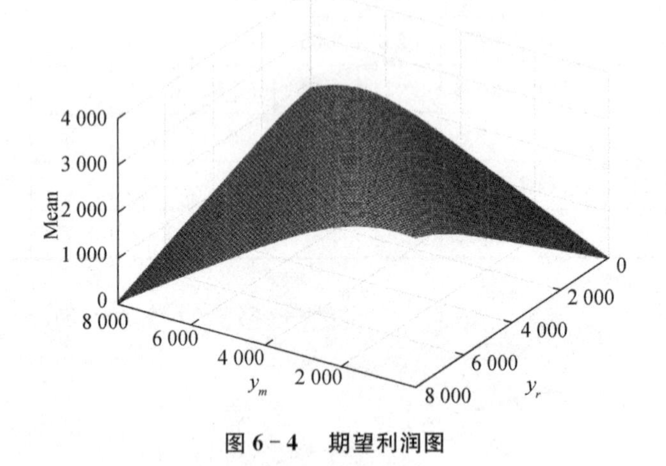

图 6－4　期望利润图

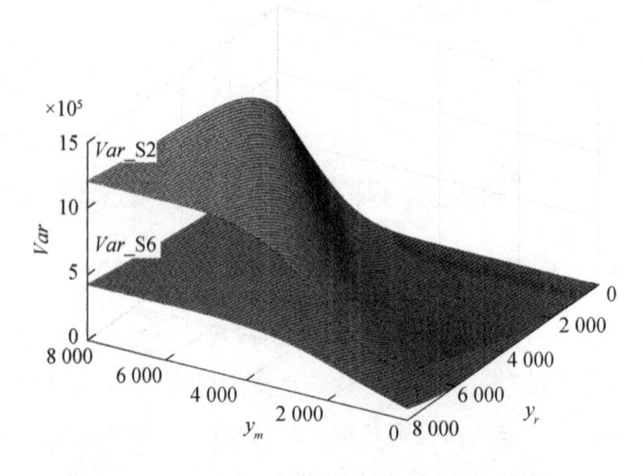

图 6－5　情境 S2 和情境 S6 的利润方差图

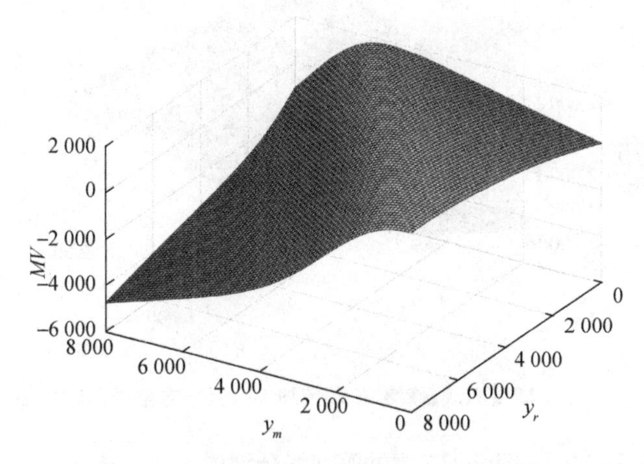

图 6－6　情境 S2 均值-方差效用图

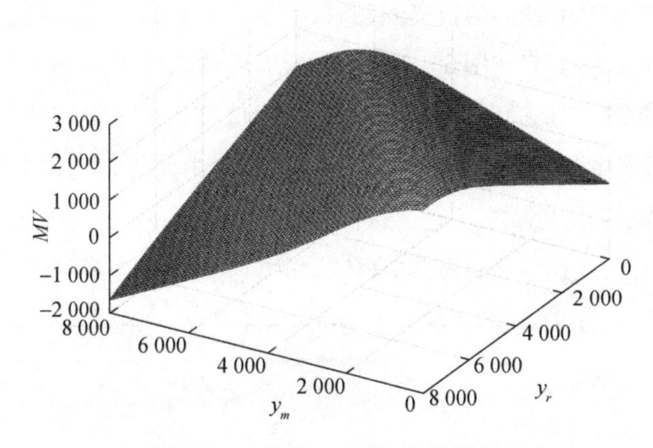

图 6－7　情境 S4 均值-方差效用图

对比期望利润、情境 S2 的均值-方差效用值和情境 S4 的均值-方差效用值，如图 6－8 所示，情境 S4 考虑金融对冲的均值-方差效用值总是低于期望利润值且总是高于情境 S2 不考虑金融对冲的均值-方差效用值。

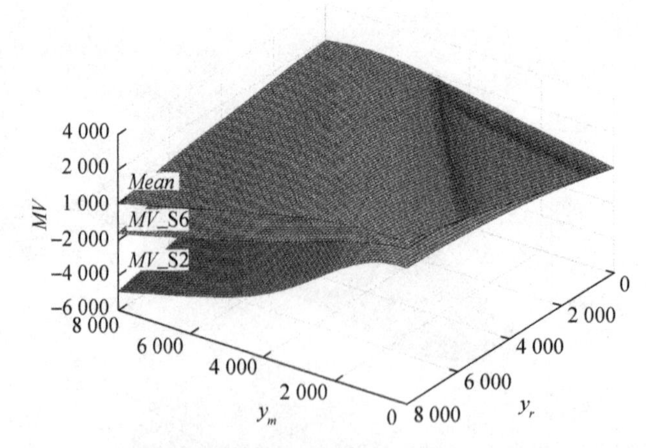

图 6－8　期望利润、情境 S2 和情境 S6 均值-方差效用对比图

图 6－9、图 6－10 和 图 6－11 中的等高线分别展示了制造和再制造生产量 y_m 和 y_r。通过图像我们可以发现，邻近最优值 y_m^* 和 y_r^* 的地方比较平稳，说明本研究所给出的制造和再制造生产策略具有很好的鲁棒性。由图 6－9 可知，当再制造商为风险中性时，即不考虑均值和方差间的权衡问题时，由于再制造品的成本更低，所以再制造商只选择生产再制造品。对比图 6－10 和 图 6－11 可知，对于风险规避的制造商，在不考虑金融对冲策略时更加倾向于多生产新品以降低其运作风险，在考虑金融对冲策略时更加倾向于多生产再制造品以降低其生产成本，由此可知运用金融对冲策略可以更加凸显出再制造的低成本优势。然而，金融对冲策略并不能完全对冲掉生产过程中的不确定性，所以在期望利润模型中再制造品的生产比例是最高的。

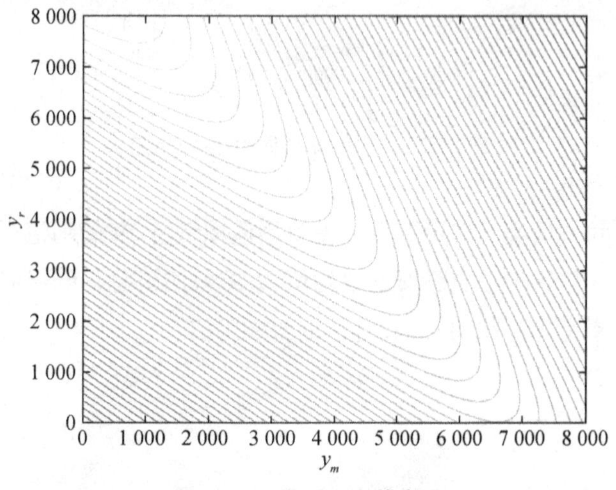

图 6－9　期望利润等高线

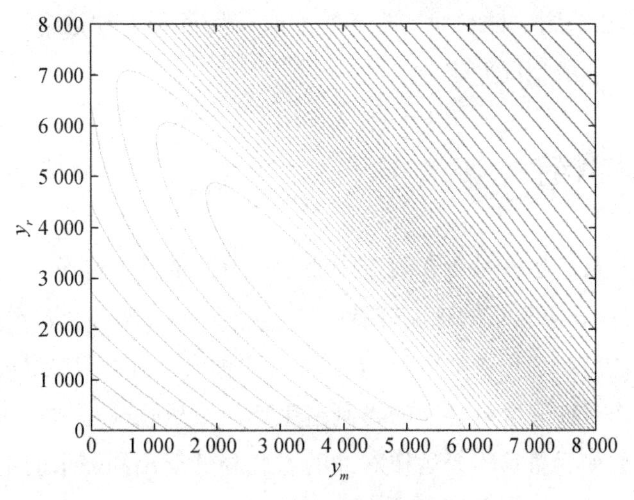

图 6-10　情境 S2 均值-方差效用等高线

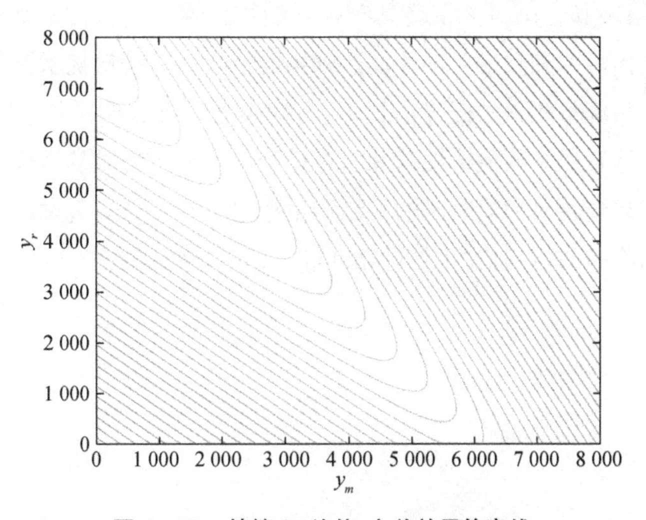

图 6-11　情境 S6 均值-方差效用等高线

通过对六种不同的情境分析，可以发现，运作对冲策略和金融对冲策略都可以有效降低再制造生产运作中的风险，提高再制造商的效用。两种风险对冲策略的区别主要体现在两方面：(1) 金融对冲策略可以提高再制造品的生产比例，有助于提高回收品的利用率，降低碳排放，促进循环经济的发展；(2) 在需求量与金融衍生品价格相关的假设前提下，考虑金融对冲策略的模型比考虑运作对冲策略的模型具有更好的鲁棒性。此外，在本研究中，运作对冲策略和金融对冲策略具有相互的替代性，再制造并非总是需要同时采用两种对冲策略才能达到系统最优状态。因此,再制造商单独采用一种对冲策略还是同时采用两种对冲策略降低其运作风险需要根据其所面临的情况而定。

6.6 本章小结

生产运作与财务运作是所有制造企业不可分割的两个部分,再制造企业也不例外。通过第四章和第五章的论证分析可知,运作对冲策略和金融对冲策略都可以有效降低再制造生产运作中的风险。为了探讨两种风险对冲策略之间的关系,本章构建了集成运作对冲和金融对冲的再制造生产决策优化模型和算法。再制造商可以通过多源采购和后备采购等运作对冲的方式降低产出和需求的不确定性,也可以通过投资由各种金融工具组成的投资组合来对冲需求风险。主要的结论如下:第一,运作对冲策略和金融对冲策略具有相互的替代性。第二,再制造商并非总是需要同时进行运作对冲和金融对冲才能达到再制造生产系统最优状态。第三,在需求量与金融衍生品价格相关的假设前提下,考虑金融对冲策略的模型比考虑运作对冲策略的模型具有更好的鲁棒性。第四,考虑金融对冲策略时的最优再制造生产量总是大于不考虑金融对冲策略时的再制造生产量。由此可知,金融对冲策略可以更有效地提高回收品的再制造率,促进循环经济的可持续发展。

第七章　结论与展望

再制造作为产品回收处理的高级形式，可以有效实现资源优化利用、环境保护和经济持续发展的综合目标，成为实现可持续发展最有效的途径之一。然而，相较于传统的生产制造系统，再制造系统存在更多的不确定因素，例如：废旧产品回收率不确定、生产加工时间及产品品质不稳定、再制造品的价格及需求波动较大等因素。再制造过程中的不确定因素使得参与再制造的企业面临着较大的预期收益不确定性，甚至有可能会导致部分企业因此放弃再制造。但是再制造本身可以为企业带来较大利润，而且有利于降低碳排放，促进循环经济发展，提高资源利用效率。为此，再制造企业需要想办法管理其运作过程中所面临的风险。风险对冲在金融学上指特意减低另一项投资的风险的投资，是管理利率风险、价格风险和商品风险非常有效的办法，通常包括运作对冲和金融对冲两种方式。风险对冲策略可以根据投资者的风险承受能力和偏好，通过对冲比率的调节将风险降低到预期水平。

以往有关再制造生产决策的研究大多都以利润最大化或者成本最小化为优化目标，忽略了再制造企业的风险偏好，然而，再制造企业的风险偏好与再制造企业的生产决策直接相关，企业在制定生产决策时，需要将既定收益与企业的风险偏好结合起来。另一方面，大多数文献都从生产运作层面降低再制造运作过程中的不确定性，忽视了通过金融财务运作对再制造生产运作的影响，不仅影响了再制造企业生产运作管理的整体效率，也不符合企业实际运作的情况。

为此，本研究在考虑再制造商风险规避性的基础上，将运作对冲和金融对冲引入再制造生产决策优化模型中，整合生产运作过程中的物流和资金流，降低不确定因素对再制造的影响，以期实现再制造运作过程中的整体优化。首先，考虑再制造商的风险偏好，以均值-方差效用模型为建模框架，构建考虑再制造商风险规避的生产决策优化模型，分析风险偏好对再制造商生产决策所产生的影响。其次，将运作对冲引入考虑再制造商风险规避的生产决策优化模型中，分别构建了考虑多源采购柔性的再制造生产决策优化模型和考虑后备采购柔性的再制造生产决策优化模型，探讨了多源采购柔性和后备采购柔性两种运作对冲方式在缓解再制造商运作风险方面的作用与价值。然后，将金融对冲引入到考虑再制造商风险规避的生产决策优化模型中，分别构建了考虑投资一种金融衍生品的再制造生产决策优化模型和考虑投资多种金融衍生品的再制造生产决策优化模型，论证了金融对冲策略在控制再制造生产运作风险方面的价值和意义。最后，构建集成运作对冲和金融对冲策略的再制造生产决策优化模型，分析运作对冲策略和金融对冲策略之间的关系及两种对冲策略的适用情境，并通过数值算例和灵敏度分析探讨了运作对冲策略和金融对冲策略在不同情境下的作用与价值。本研究结合对冲理论和再制造生产决策理论及相关研究的最新成果，将运作对冲和金融对冲策略引入再制造生产决策中，将企业中的生产运作和金融运作整合到一起，以降低再制造生产过程中不确定因素所带来的风险。将生产运作和金融运作这两个原本分开研究的领域整合到一起，不仅具有十分重要的理论意义，而且有助于企业资源的整合及利用。

7.1 研究结论

本研究通过将风险偏好及对冲策略引入再制造生产决策优化模型中，分别构建了考虑再制造商风险规避的生产决策优化模型、考虑运作对冲策略的再制造生产决策优化模型、考虑金融对冲策略的再制造生产决策优化模型和集成运作对冲和金融对冲策略的再制造生产决策优化模型，主要得到了下列结论：

（1）再制造生产量、期望利润、均值-方差效用和有效边界效用均随着再制造商风险规避程度的增加而减小。相较于传统制造，再制造过程中存在更多的风险，因此，在优化再制造生产决策时，更加有必要充分考虑再制造商的风险偏好，以便为再制造企业及准备进行再制造业务的企业提供更加实际可借鉴的管理指导建议。

（2）再制造商的风险规避程度越大，采购柔性的作用越显著。在一定范围之内，再制造生产商面临的供应风险越大，采购柔性的价值越显著；当运作风险特别大时，再制造商为了规避风险而选择降低其总的生产量，此时采购柔性的价值会被减弱。此外，通过对两种采购柔性策略的对比分析可知多源采购柔性的优势在于较低的采购/制造成本，后备采购柔性的优势在于延迟采购使得再制造产出率信息能够更新，即当回收原材料产出率确定后再进行后备原材料的采购，有效地缓解了再制造产出率的不确定性。因此，当后备采购/制造成本比较低/再制造产出率方差比较大时，后备采购柔性优于多源采购柔性，反之，多源采购柔性优于后备采购柔性。

(3) 金融对冲策略可以有效缓解再制造生产过程中的运作风险，但随着再制造商风险规避程度的增大或者运作风险的增大，金融对冲策略的效果减弱，尤其是只运用一种金融衍生品对冲再制造生产运作风险时。因此，为了提高再制造商运用金融衍生品降低其运作风险的效果，再制造商应投资多种金融衍生品来对冲其生产运作风险。

(4) 运作对冲策略和金融对冲策略具有相互的替代性，因此，再制造商并非总是需要同时进行运作对冲和金融对冲才能达到再制造生产系统最优状态。在需求量与金融衍生品价格相关的假设前提下，考虑金融对冲策略的模型比考虑运作对冲策略的模型具有更好的鲁棒性。考虑金融对冲策略时的最优再制造生产量总是大于不考虑金融对冲策略时的再制造生产量。由此可知，金融对冲策略可以更有效地提高回收品的再制造率，促进循环经济的可持续发展。

7.2　研究展望

本研究将运作对冲策略和金融对冲策略引入再制造生产决策优化模型中，尝试通过运作对冲和金融对冲两种风险对冲方式降低再制造的风险，在研究问题上具有很好的创新性。然而，由于本研究是首次将金融对冲策略引入再制造生产决策中，在研究内容和方法上都还有很好的可拓展性。主要体现在以下几个方面：(1) 本研究只研究了单周期的再制造生产决策优化问题，未来的研究可拓展到多周期的再制造生产决策优化问题中；(2) 本研究只针对再制造过程中的产出随机和需求随机设计了相应的运作对冲策略和金融对冲策略，然而，再制造过程还存在很多其他的不确定性，如回收价格的不确定、回收及再制造提前期的不确定性，都是未来可拓展的研究问题；(3)本研究没有考虑再制造商的资金约束、回收品的数量约束及再制造商的生产能力约束等，未来的研究可将这些约束条件考虑在内，这将更加符合再制造企业的实际运作情况。

参考文献

一、中文文献

[1] 陈伟达，李雅光. 再制造生产率和市场需求不确定情况下考虑资金时间价值的制造/再制造生产决策优化[J]. 工业工程与管理，2017，22(1)：73－81.

[2] 陈伟达，刘碧玉. 考虑质量成本的再制造系统批量计划综合优化[J]. 管理科学学报，2015，18(12)：36－46.

[3] 陈玉玉，李帮义，柏庆国，等. 碳交易环境下再制造企业生产及减排投资决策[J]. 控制与决策，2020，35(3)：695－703.

[4] 程永文，周永务. 存在金融对冲的两级供应链优化决策[J]. 系统工程学报，2014，29(3)：371－383.

[5] 邓爱民，蒋福展. 回收再制造企业生产计划与需求协调研究[J]. 华东经济管理，2014，28(3)：126－130＋163.

[6] 翟勇洪，梁玲，刘宇熹，等. 面向大规模定制的再制造集约生产计划模型[J]. 上海理工大学学报，2014，36(6)：603－613.

[7] 翟勇洪. 闭环供应链下再制造企业综合生产计划体系[J]. 现代管理科学，2012(12)：109－111.

[8] 高阳，林恺. 考虑异质需求的再制造系统最优产量与定价研究[J]. 计算机应用研究，2015，32(5)：1349－1352.

[9] 郭飞. 外汇风险对冲和公司价值：基于中国跨国公司的实证研究[J]. 经济研究，2012，47(9)：18－31.

[10] 黄伟鑫，陈伟达. 基于可信性理论的模糊环境下再制造生产计划[J]. 工业工程与管理，2012，17(1)：21－26.

[11] 姜付秀. 我国上市公司多元化经营的决定因素研究[J]. 管理世界，2006

(5)：128 - 135.

[12] 景熠，王旭，李文川，等. 多重不确定环境下考虑产品差异的再制造批量生产计划[J]. 计算机集成制造系统，2012，18(12)：2650 - 2658.

[13] 景熠，王旭，李文川，等. 考虑产品需求可替代的再制造批量生产计划优化[J]. 中国机械工程，2012，23(18)：2176 - 2181.

[14] 景熠，王旭，李文川，等. 面向汽车发动机的制造/再制造混合批量生产计划[J]. 计算机集成制造系统，2013，19(4)：774 - 781.

[15] 刘丰军，邢伟，黄浩，等. 基于套期保值的双寡头零售商供应链均衡策略分析[J]. 系统科学与数学，2014，34(2)：187 - 197.

[16] 刘志，李帮义，程晋石，等. 基于模块化设计的制造/再制造生产决策[J]. 计算机集成制造系统，2016，22(4)：935 - 944.

[17] 娄山佐，田新诚. 需求和回收品均随机的制造—再制造系统生产控制[J]. 控制与决策，2014，29(2)：292 - 298.

[18] 苏春，沙洋娟. 基于混合不确定性和证据理论的再制造生产计划[J]. 东南大学学报(自然科学版)，2010，40(4)：712 - 716.

[19] 温海骏，刘明周，刘长义，等. 多品种汽车发动机两阶段模糊再制造生产计划[J]. 计算机集成制造系统，2016，22(2)：529 - 537.

[20] 伍颖，熊中楷. 制造商与在位再制造商的再制造生产决策研究[J]. 系统工程学报，2015，30(4)：554 - 565.

[21] 谢家平，赵忠，孔令丞，等. 再制造生产计划的影响因素及其模式[J]. 系统工程，2007，25(7)：53 - 59.

[22] 邢光军，罗坤晔. 考虑产品具替代性的再制造定价与生产决策[J]. 统计与决策，2017(13)：180 - 184.

[23] 徐朗，汪传旭，施陈玲，等. 不同契约机制下考虑再制造的双渠道供应链决策[J]. 控制与决策，2017，32(11)：2005 - 2012.

[24] 阳成虎，何丽金，陈杜添，等. 基于回收和再制造渠道选择的制造/再制造生产决策[J]. 计算机集成制造系统，2018，24(4)：1046 - 1056.

[25] 杨爱峰，赖恒聪，王佳琦. 废旧品质量不确定情况下的采购及再制造决策[J]. 合肥工业大学学报(自然科学版)，2019，42(1)：130 - 135.

[26] 于春海，于传洋，兰博. 考虑消费者偏好与碳交易的制造/再制造两期生

产决策[J]. 工业工程与管理，2017，22(4)：49－54.

[27] 翟勇洪. 闭环供应链下再制造企业综合生产计划体系[J]. 现代管理科学，2012(12)：109－111.

[28] 翟勇洪，梁玲，刘宇熹，等. 面向大规模定制的再制造集约生产计划模型[J]. 上海理工大学学报，2014，36(6)：603－613.

[29] 张红宇，高阳. 再制造生产计划与调度的研究进展[J]. 科研管理，2011，32(5)：120－128.

[30] 张焕勇，李宇航，韩云霞. 碳限额与交易机制下企业再制造生产决策研究[J]. 软科学，2018，32(6)：87－91.

[31] 张涛，郭春亮，付芳. 基于回收产品质量分级的再制造策略研究[J]. 工业工程与管理，2016，21(6)：118－123＋129.

[32] 赵忠，谢家平. 分布式多工厂制造/再制造生产计划的优先模型[J]. 统计与决策，2009(7)：161－163.

[33] 郑江波，杨柳，程福阳. 基于有限生命周期的产品再制造回收决策研究[J]. 科研管理，2017，38(8)：143－152.

[34] 朱慧赟，常香云，夏海洋，等. 碳限额与交易约束下的企业制造/再制造生产决策[J]. 系统管理学报，2015，24(5)：737－747.

二、外文文献

[1] Ahiska S S, Gocer F, King R E. Heuristic inventory policies for a hybrid manufacturing/remanufacturing system with product substitution [J]. Computers & Industrial Engineering, 2017, 114(12): 206－222.

[2] Akçalı E, Çetinkaya S. Quantitative models for inventory and production planning in closed-loop supply chains [J]. International Journal of Production Research, 2011, 49(8): 2373－2407.

[3] Alan Y, Gaur V. Operational investment and capital structure under asset-based lending [J]. Manufacturing & Service Operations Management, 2018, 20(4): 637－654.

[4] Aras N, Verter V, Boyaci T. Coordination and priority decisions in

hybrid manufacturing/remanufacturing systems[J]. Production and Operations Management, 2006, 15(4): 528-543.

[5] Arnold J, Minner S. Financial and operational instruments for commodity procurement in quantity competition[J]. International Journal of Production Economics, 2011, 131(1): 96-106.

[6] Babich V. Vulnerable options in supply chains: Effects of supplier competition[J]. Naval Research Logistics, 2006, 53(7): 656-673.

[7] Bae S C, Kim H S, Kwon T H. Currency derivatives for hedging: New evidence on determinants, firm risk, and performance[J]. Journal of Futures Markets, 2018, 38(4): 446-467.

[8] Baptista S, Barbosa-Póvoa A P, Escudero L F, et al. On risk management of a two-stage stochastic mixed 0-1 model for the closed-loop supply chain design problem[J]. European Journal of Operational Research, 2019, 274(1): 91-107.

[9] Bassamboo A, Randhawa R S, van Mieghem J A. Optimal flexibility configurations in newsvendor networks: Going beyond chaining and pairing[J]. Management Science, 2010, 56(8): 1285-1303.

[10] Benkherouf L, Skouri K, Konstantaras I. Optimal control of production, remanufacturing and refurbishing activities in a finite planning horizon inventory system[J]. Journal of Optimization Theory and Applications, 2016, 168(2): 677-698.

[11] Birge J R. OM forum—operations and finance interactions[J]. Manufacturing & Service Operations Management, 2015, 17(1): 4-15.

[12] Broll U, Wong K P. Managing revenue risk of the firm: Commodity futures and options[J]. IMA Journal of Management Mathematics, 2017, 28(2): 245-258.

[13] Bulmuş S C, Zhu S X, Teunter R. Capacity and production decisions under a remanufacturing strategy[J]. International Journal of Production Economics, 2013, 145(1): 359-370.

[14] Caldentey R, Haugh M B. Supply contracts with financial hedging[J].

Operations Research, 2009, 57(1): 47 - 65.

[15] Caldentey R, Haugh M. Optimal control and hedging of operations in the presence of financial markets[J]. Mathematics of Operations Research, 2006, 31(2): 285 - 304.

[16] Carter D A, Rogers D A, Simkins B J, et al. A review of the literature on commodity risk management[J]. Journal of Commodity Markets, 2017, 8 (12): 1 - 17.

[17] Chen X X, Kouvelis P, Biazaran M. Value of operational flexibility in co-production systems with yield and demand uncertainty[J]. International Journal of Production Research, 2018, 56(1/2): 491 - 507.

[18] Chen X. Operational hedging through dual-sourcing under capacity uncertainty[J]. Foundations and Trends © in Technology, Information and Operations Management, 2017, 11(1/2): 46 - 64.

[19] Chod J, Rudi N, van Mieghem J A. Operational flexibility and financial hedging: Complements or substitutes? [J]. Management Science, 2010, 56(6): 1030 - 1045.

[20] Choi J J, Jiang C. Does multinationality matter? Implications of operational hedging for the exchange risk exposure[J]. Journal of Banking & Finance, 2009, 33(11): 1973 - 1982.

[21] Chowdhry B, Howe J T B. Corporate risk management for multinational corporations: Financial and operational hedging policies[J]. Review of Finance, 1999, 2(2): 229 - 246.

[22] Corominas A, Lusa A, Olivella J. A manufacturing and remanufacturing aggregate planning model considering a non-linear supply function of recovered products[J]. Production Planning & Control, 2012, 23(2/3): 194 - 204.

[23] Cosh A, Cumming D, Hughes A. Outside enterpreneurial capital[J]. The Economic Journal, 2009, 119(540): 1494 - 1533.

[24] Cunha J O, Konstantaras I, Melo R A, et al. On multi-item economic lot-sizing with remanufacturing and uncapacitated production [J]. Applied

Mathematical Modelling, 2017, 50(10): 772 - 780.

[25] Dada M, Petruzzi N C, Schwarz L B. A newsvendor's procurement problem when suppliers are unreliable[J]. Manufacturing & Service Operations Management, 2007, 9(1): 9 - 32.

[26] Dev N K, Shankar R, Choudhary A. Strategic design for inventory and production planning in closed-loop hybrid systems[J]. International Journal of Production Economics, 2017, 183(1): 345 - 353.

[27] Diallo C, Venkatadri U, Khatab A, et al. State of the art review of quality, reliability and maintenance issues in closed-loop supply chains with remanufacturing[J]. International Journal of Production Research, 2017, 55(5): 1277 - 1296.

[28] Ding Q, Dong L X, Kouvelis P. On the integration of production and financial hedging decisions in global markets[J]. Operations Research, 2007, 55(3): 470 - 489.

[29] Doege J, Fehr M, Hinz J, et al. Risk management in power markets: The Hedging value of production flexibility[J]. European Journal of Operational Research, 2009, 199(3): 936 - 943.

[30] Dong L X, Kouvelis P, Su P. Operational hedging strategies and competitive exposure to exchange rates[J]. International Journal of Production Economics, 2014, 153(7): 215 - 229.

[31] Dong L X, Kouvelis P, Wu X L. The value of operational flexibility in the presence of input and output price uncertainties with oil refining applications [J]. Management Science, 2014, 60(12): 2908 - 2926.

[32] Dong L X, Tomlin B. Managing disruption risk: The interplay between operations and insurance[J]. Management Science, 2012, 58(10): 1898 - 1915.

[33] Dong Q, Xu G N, Ren H L. Risk assessment of remanufacturing arm structure for crane based on potential failure mode[J]. Journal of Mechanical Science and Technology, 2015, 29(12): 5345 - 5357.

[34] Ernst R, Kamrad B. Evaluation of supply chain structures through modularization and postponement[J]. European Journal of Operational Research,

2000, 124(3): 495 - 510.

[35] Fang C C, Lai M H, Huang Y S. Production planning of new and remanufacturing products in hybrid production systems [J]. Computers & Industrial Engineering, 2017, 108(6): 88 - 99.

[36] Fang C, Liu X B, Pardalos P M, et al. A stochastic production planning problem in hybrid manufacturing and remanufacturing systems with resource capacity planning[J]. Journal of Global Optimization, 2017, 68(4): 851 - 878.

[37] Firouzi A, Vahdatmanesh M. Applicability of financial derivatives for hedging material price risk in highway construction[J]. Journal of Construction Engineering and Management, 2019, 145(5): 04019023-1-04019023-12.

[38] Fleischmann M, Bloemhof-Ruwaard J M, Dekker R, et al. Quantitative models for reverse logistics: A review[J]. European Journal of Operational Research, 1997, 103(1): 1 - 17.

[39] Gamba A, Triantis A J. Corporate risk management: Integrating liquidity, hedging, and operating policies[J]. Management Science, 2014, 60(1): 246 - 264.

[40] Gao C Y, Wang Y, Xu L, et al. Dynamic pricing and production control of an inventory system with remanufacturing[J]. Mathematical Problems in Engineering, 2015(12): 1 - 8.

[41] Gao F, Chen F Y, Chao X L. Joint optimal ordering and weather hedging decisions: Mean-CVaR model[J]. Flexible Services and Manufacturing Journal, 2011, 23(1): 1 - 25.

[42] Gao L. Collaborative forecasting, inventory hedging and contract coordination in dynamic supply risk management [J]. European Journal of Operational Research, 2015, 245(1): 133 - 145.

[43] Garfinkel J A, Hankins K W. The role of risk management in mergers and merger waves[J]. Journal of Financial Economics, 2011, 101(3): 515 - 532.

[44] Gaur J, Amini M, Rao A K. Closed-loop supply chain configuration for new and reconditioned products: An integrated optimization model[J]. Omega,

2017，66(1)：212－223.

[45] Gaur V，Seshadri S. Hedging inventory risk through market instruments[J]. Manufacturing & Service Operations Management，2005，7(2)：103－120.

[46] Gayon J P，Vercraene S，Flapper S D P. Optimal control of a production-inventory system with product returns and two disposal options[J]. European Journal of Operational Research，2017，262(2)：499－508.

[47] Genc T S，De Giovanni P. Optimal return and rebate mechanism in a closed-loop supply chain game[J]. European Journal of Operational Research，2018，269(2)：661－681.

[48] Georgiadis P，Vlachos D，Tagaras G. The impact of product lifecycle on capacity planning of closed-loop supply chains with remanufacturing[J]. Production and Operations Management，2006，15(4)：514－527.

[49] Giri B C，Sharma S. Optimal production policy for a closed-loop hybrid system with uncertain demand and return under supply disruption[J]. Journal of Cleaner Production，2016，112(1)：2015－2028.

[50] Goel A，Tanrisever F. Financial hedging and optimal procurement policies under correlated price and demand[J]. Production and Operations Management，2017，26(10)：1924－1945.

[51] Guide V D R Jr. Production planning and control for remanufacturing：Industry practice and research needs[J]. Journal of Operations Management，2000，18(4)：467－483.

[52] Haksöz C，Seshadri S. Integrated production and risk hedging with financial instruments[M]//The Handbook of Integrated Risk Management in Global Supply Chains. Hoboken，NJ，USA：John Wiley & Sons，Inc.，2011：157－196.

[53] Han S H，Ma W N，Zhao L，et al. A robust optimisation model for hybrid remanufacturing and manufacturing systems under uncertain return quality and market demand[J]. International Journal of Production Research，2016，54(17)：5056－5072.

[54] Han X H, Wu H Y, Yang Q X, et al. Reverse channel selection under remanufacturing risks: Balancing profitability and robustness[J]. International Journal of Production Economics, 2016, 182(12): 63 - 72.

[55] Harrison J M, van Mieghem J A. Multi-resource investment strategies: Operational hedging under demand uncertainty [J]. European Journal of Operational Research, 1999, 113(1): 17 - 29.

[56] He Y J. Supply risk sharing in a closed-loop supply chain[J]. International Journal of Production Economics, 2017, 183(1): 39 - 52.

[57] Heydari J, Ghasemi M. A revenue sharing contract for reverse supply chain coordination under stochastic quality of returned products and uncertain remanufacturing capacity[J]. Journal of Cleaner Production, 2018, 197(10): 607 - 615.

[58] Hilger T, Sahling F, Tempelmeier H. Capacitated dynamic production and remanufacturing planning under demand and return uncertainty[J]. OR Spectrum, 2016, 38(4): 849 - 876.

[59] Hoberg G, Moon S K. Offshore activities and financial vs operational hedging[J]. Journal of Financial Economics, 2017, 125(2): 217 - 244.

[60] Hommel U. Financial versus operative hedging of currency risk[J]. Global Finance Journal, 2003, 14(1): 1 - 18.

[61] Hong X P, Zhang H G, Zhong Q, et al. Optimal decisions of a hybrid manufacturing-remanufacturing system within a closed-loop supply chain[J]. European Journal of Industrial Engineering, 2016, 10(1): 21 - 50.

[62] Hosoda T, Disney S M. A unified theory of the dynamics of closed-loop supply chains[J]. European Journal of Operational Research, 2018, 269(1): 313 -326.

[63] Huynh C H, So K C, Gurnani H. Managing a closed-loop supply system with random returns and a cyclic delivery schedule[J]. European Journal of Operational Research, 2016, 255(3): 787 - 796.

[64] Inderfurth K, Kelle P, Kleber R. Inventory control in dual sourcing commodity procurement with price correlation[J]. Central European Journal of

Operations Research, 2018, 26(1): 93-119.

[65] Jain T, Hazra J. Dual sourcing under suppliers' capacity investments [J]. International Journal of Production Economics, 2017, 183(1): 103-115.

[66] Ji X C, Huang S M, Grossmann I E. Integrated operational and financial hedging for risk management in crude oil procurement[J]. Industrial & Engineering Chemistry Research, 2015, 54(37): 9191-9201.

[67] Jia J, Xu S H, Guide V D R Jr. Addressing supply-demand imbalance: Designing efficient remanufacturing strategies[J]. Production and Operations Management, 2016, 25(11): 1958-1967.

[68] Jing Y, Li W C, Wang X, et al. Production planning with remanufacturing and back-ordering in a cooperative multi-factory environment [J]. International Journal of Computer Integrated Manufacturing, 2016, 29(6): 692-708.

[69] Kauppi K, Longoni A, Caniato F, et al. Managing country disruption risks and improving operational performance: Risk management along integrated supply chains[J]. International Journal of Production Economics, 2016, 182(12): 484-495.

[70] Kenné J P, Dejax P, Gharbi A. Production planning of a hybrid manufacturing-remanufacturing system under uncertainty within a closed-loop supply chain[J]. International Journal of Production Economics, 2012, 135(1): 81-93.

[71] Kilic O A, Tunc H, Tarim S A. Heuristic policies for the stochastic economic lot sizing problem with remanufacturing under service level constraints [J]. European Journal of Operational Research, 2018, 267(3): 1102-1109.

[72] Kim H Y, Jolly L, Kim Y K. Future forces transforming apparel retailing in the United States: an environmental scanning approach[J]. Clothing and Textiles Research Journal, 2007, 25(4): 307-322.

[73] Kim Y S, Mathur I, Nam J. Is operational hedging a substitute for or a complement to financial hedging? [J]. Journal of Corporate Finance, 2006, 12(4): 834-853.

[74] Klapper L. The role of factoring for financing small and medium enterprises[J]. Journal of Banking & Finance, 2006, 30(11): 3111 - 3130.

[75] Kouvelis P, Pang Z, Ding Q. Integrated commodity inventory management and financial hedging: A dynamic mean-variance analysis [J]. Production and Operations Management, 2018, 27(6): 1052 - 1073.

[76] Kouvelis P, Zhao W H. Financing the newsvendor: Supplier vs. bank, and the structure of optimal trade credit contracts[J]. Operations Research, 2012, 60(3): 566 - 580.

[77] Kulkarni S S, Francas D. Capacity investment and the value of operational flexibility in manufacturing systems with product blending [J]. International Journal of Production Research, 2018, 56(10): 3563 - 3589.

[78] Kumar R, Ramachandran P. Revenue management in remanufacturing: perspectives, review of current literature and research directions [J]. International Journal of Production Research, 2016, 54(7): 2185 - 2201.

[79] Kurilova-Palisaitiene J, Sundin E, Poksinska B. Remanufacturing challenges and possible lean improvements[J]. Journal of Cleaner Production, 2018, 172(1): 3225 - 3236.

[80] Kuzmina O, Kuznetsova O. Operational and financial hedging: Evidence from export and import behavior[J]. Journal of Corporate Finance, 2018, 48(2): 109 - 121.

[81] Kwak M, Kim H. Green profit maximization through integrated pricing and production planning for a line of new and remanufactured products [J]. Journal of Cleaner Production, 2017, 142(1): 3454 - 3470.

[82] Lage Junior M, Godinho Filho M. Production planning and control for remanufacturing: Exploring characteristics and difficulties with case studies[J]. Production Planning & Control, 2016, 27(3): 212 - 225.

[83] Leippold M, Stromberg J. Strategic technology adoption and hedging under incomplete markets[J]. Journal of Banking & Finance, 2017, 81(8): 181 - 199.

[84] Li Q, Niu B Z, Chu L K, et al. Buy now and price later: Supply

contracts with time-consistent mean-variance financial hedging[J]. European Journal of Operational Research, 2018, 268(2): 582 - 595.

[85] Li W, Wu H, Jin M Z, et al. Two-stage remanufacturing decision makings considering product life cycle and consumer perception[J]. Journal of Cleaner Production, 2017, 161(9): 581 - 590.

[86] Li X, Li Y J. On the loss-averse dual-sourcing problem under supply disruption[J]. Computers & Operations Research, 2018, 100(12): 301 - 313.

[87] Liao B F. Warranty as a competitive dimension for remanufactured products under stochastic demand[J]. Journal of Cleaner Production, 2018, 198 (10): 511 - 519.

[88] Liao H L, Shi Y X, Liu X H, et al. A non-probabilistic model of carbon footprints in remanufacture under multiple uncertainties[J]. Journal of Cleaner Production, 2019, 211(2): 1127 - 1140.

[89] Liu Z G, Wang J. Supply chain network equilibrium with strategic financial hedging using futures[J]. European Journal of Operational Research, 2019, 272(3): 962 - 978.

[90] Long X F, Shu T, Chen S, et al. Strategy analysis of recycling and remanufacturing by remanufacturers in closed-loop supply chain [J]. Sustainability, 2017, 9(10): 1818.

[91] Longinidis P, Georgiadis M C, Kozanidis G. Integrating operational hedging of exchange rate risk in the optimal design of global supply chain networks[J]. Industrial & Engineering Chemistry Research, 2015, 54(24): 6311 - 6325.

[92] Loomba A P S, Nakashima K. Enhancing value in reverse supply chains by sorting before product recovery[J]. Production Planning & Control, 2012, 23(2/3): 205 - 215.

[93] Luo J R, Chen X. Risk hedging via option contracts in a random yield supply chain[J]. Annals of Operations Research, 2017, 257(1/2): 697 - 719.

[94] Macedo P B, Alem D, Santos M, et al. Hybrid manufacturing and remanufacturing lot-sizing problem with stochastic demand, return, and setup

costs[J]. The International Journal of Advanced Manufacturing Technology, 2016, 82(5/6/7/8): 1241 - 1257.

[95] Maiti T, Giri B C. Two-way product recovery in a closed-loop supply chain with variable markup under price and quality dependent demand [J]. International Journal of Production Economics, 2017, 183(1): 259 - 272.

[96] Maluenda B, Negrete-Pincetic M, Olivares D E, et al. Expansion planning under uncertainty for hydrothermal systems with variable resources[J]. International Journal of Electrical Power & Energy Systems, 2018, 103(12): 644 - 651.

[97] Mashhadi A R, Esmaeilian B, Behdad S. Uncertainty management in remanufacturing decisions: A consideration of uncertainties in market demand, quantity, and quality of returns[J]. ASCE-ASME J Risk and Uncert in Engrg Sys Part B Mech Engrg, 2015, 1(2): 021007-1-021007-8.

[98] Matsumoto M, Yang S S, Martinsen K, et al. Trends and research challenges in remanufacturing[J]. International Journal of Precision Engineering and Manufacturing-Green Technology, 2016, 3(1): 129 - 142.

[99] Miao Z W, Mao H Q, Fu K, et al. Remanufacturing with trade-ins under carbon regulations[J]. Computers & Operations Research, 2018, 89(1): 253 - 268.

[100] Moshtagh M S, Taleizadeh A A. Stochastic integrated manufacturing and remanufacturing model with shortage, rework and quality based return rate in a closed loop supply chain[J]. Journal of Cleaner Production, 2017, 141(1): 1548 - 1573.

[101] Mukhopadhyay S K, Ma H F. Joint procurement and production decisions in remanufacturing under quality and demand uncertainty [J]. International Journal of Production Economics, 2009, 120(1): 5 - 17.

[102] Mutha A, Bansal S, Guide V D R. Managing demand uncertainty through core acquisition in remanufacturing [J]. Production and Operations Management, 2016, 25(8): 1449 - 1464.

[103] Naeem M A, Dias D J, Tibrewal R, et al. Production planning

optimization for manufacturing and remanufacturing system in stochastic environment[J]. Journal of Intelligent Manufacturing, 2013, 24(4): 717 - 728.

[104] Ni J, Chu L K, Li S D. Financial hedging and competitive strategy for value-maximizing firms under quantity competition[J]. Annals of Operations Research, 2018, 264(1/2): 391 - 407.

[105] Ni J, Chu L K, Wu F, et al. A multi-stage financial hedging approach for the procurement of manufacturing materials[J]. European Journal of Operational Research, 2012, 221(2): 424 - 431.

[106] Ni J, Chu L K, Yen B P C. Coordinating operational policy with financial hedging for risk-averse firms[J]. Omega, 2016, 59(3): 279 - 289.

[107] Nkeki C I. Optimal investment risks and debt management with backup security in a financial crisis[J]. Journal of Computational and Applied Mathematics, 2018, 338(8): 129 - 152.

[108] Okyay H K, Karaesmen F, Özekici S. Hedging demand and supply risks in the newsvendor model[J]. OR Spectrum, 2015, 37(2): 475 - 501.

[109] Pan J, Tao Y, Lee L H, et al. Production planning and inventory control of a two-product recovery system[J]. IIE Transactions, 2015, 47(12): 1342 - 1362.

[110] Panagiotidou S, Nenes G, Zikopoulos C, et al. Joint optimization of manufacturing/remanufacturing lot sizes under imperfect information on returns quality[J]. European Journal of Operational Research, 2017, 258(2): 537 - 551.

[111] Park J H, Kazaz B, Webster S. Risk mitigation of production hedging [J]. Production and Operations Management, 2017, 26(7): 1299 - 1314.

[112] Polotski V, Kenne J P, Gharbi A. Production and setup policy optimization for hybrid manufacturing-remanufacturing systems[J]. International Journal of Production Economics, 2017, 183(1): 322 - 333.

[113] Polotski V, Kenne J P, Gharbi A. Production and setup policy optimization for hybrid manufacturing-remanufacturing systems[J]. IFAC-PapersOnLine, 2015, 48(3): 2021 - 2026.

[114] Polotski V, Kenne J P, Gharbi A. Set-up and production planning in

hybrid manufacturing-remanufacturing systems with large returns [J]. International Journal of Production Research, 2017, 55(13): 3766 - 3787.

[115] Ray P, Jenamani M. Mean-variance analysis of sourcing decision under disruption risk[J]. European Journal of Operational Research, 2016, 250(2): 679 - 689.

[116] Reveliotis S A. Uncertainty management in optimal disassembly planning through learning-based strategies[J]. IIE Transactions, 2007, 39(6): 645 - 658.

[117] Sahling F. Integration of vendor selection into production and remanufacturing planning subject to emission constraints [J]. International Journal of Production Research, 2016, 54(13): 3822 - 3836.

[118] Sayın F, Karaesmen F, Özekici S. Newsvendor model with random supply and financial hedging: Utility-based approach[J]. International Journal of Production Economics, 2014, 154(8): 178 - 189.

[119] Seifert D, Seifert R W, Protopappa-Sieke M. A review of trade credit literature: Opportunities for research in operations [J]. European Journal of Operational Research, 2013, 231(2): 245 - 256.

[120] Shah N H, Patel D G, Shah D B. EPQ model for returned/reworked inventories during imperfect production process under price-sensitive stock-dependent demand[J]. Operational Research, 2018, 18(2): 343 - 359.

[121] Shi J M, Zhang G Q, Sha J C. Optimal production planning for a multi-product closed loop system with uncertain demand and return [J]. Computers & Operations Research, 2011, 38(3): 641 - 650.

[122] Shi W B, Min K J. Product remanufacturing: A real options approach [J]. IEEE Transactions on Engineering Management, 2014, 61(2): 237 - 250.

[123] Shin H, Baldick R. Mitigating market risk for wind power providers via financial risk exchange[J]. Energy Economics, 2018, 71(3): 344 - 358.

[124] Shu T, Wu Q N, Chen S, et al. Manufacturers'/remanufacturers' inventory control strategies with cap-and-trade regulation[J]. Journal of Cleaner Production, 2017, 159(8): 11 - 25.

[125] Sosnoski A A K B, de Oliveira Ribeiro C. Hedging in the ethanol and sugar production: Integrating financial and production decisions[J]. Produção, 2012, 22(1): 115-123.

[126] Souza G C. Closed-loop supply chains: A critical review, and future research[J]. Decision Sciences, 2013, 44(1): 7-38.

[127] Sting F J, Huchzermeier A. Dual sourcing: Responsive hedging against correlated supply and demand uncertainty[J]. Naval Research Logistics, 2012, 59(1): 69-89.

[128] Sting F J, Huchzermeier A. Operational hedging and diversification under correlated supply and demand uncertainty[J]. Production and Operations Management, 2014, 23(7): 1212-1226.

[129] Sun H, Chen W D, Liu B Y, et al. Economic lot scheduling problem in a remanufacturing system with returns at different quality grades[J]. Journal of Cleaner Production, 2018, 170(1): 559-569.

[130] Sun H, Chen W D, Ren Z L, et al. Optimal policy in a hybrid manufacturing/remanufacturing system with financial hedging[J]. International Journal of Production Research, 2017, 55(19): 5728-5742.

[131] Tekin M, Özekici S. Mean-variance newsvendor model with random supply and financial hedging[J]. IIE Transactions, 2015, 47(9): 910-928.

[132] Tomlin B. On the value of mitigation and contingency strategies for managing supply chain disruption risks[J]. Management Science, 2006, 52(5): 639-657.

[133] Trigeorgis L, Tsekrekos A E. Real options in operations research: A review[J]. European Journal of Operational Research, 2018, 270(1): 1-24.

[134]Turcic D, Kouvelis P, Bolandifar E. Hedging commodity procurement in a bilateral supply chain[J]. Manufacturing & Service Operations Management, 2015, 17(2): 221-235.

[135]Üster H, Hwang S O. Closed-loop supply chain network design under demand and return uncertainty[J]. Transportation Science, 2017, 51(4): 1063-1085.

[136] van den Broeke M M, Boute R N, van Mieghem J A. Platform flexibility strategies: R&D investment versus production customization tradeoff [J]. European Journal of Operational Research, 2018, 270(2): 475 - 486.

[137] van Mieghem J A. Risk management and operational hedging: An overview[M]//The Handbook of Integrated Risk Management in Global Supply Chains. Hoboken, NJ, USA: John Wiley & Sons, Inc., 2011(10): 13 - 49.

[138]van Mieghem J A. Risk mitigation in newsvendor networks: Resource diversification, flexibility, sharing, and hedging[J]. Management Science, 2007, 53(8): 1269 - 1288.

[139]Vercraene S, Gayon J P, Flapper S D. Coordination of manufacturing, remanufacturing and returns acceptance in hybrid manufacturing/remanufacturing systems[J]. International Journal of Production Economics, 2014, 148(2): 62 - 70.

[140]Vickery S N, Calantone R, Dröge C. Supply chain flexibility: An empirical study[J]. Journal of Supply Chain Management, 1999, 35(2): 16 - 24.

[141]Wang L, Yao D D. Production with risk hedging—optimal policy and efficient frontier[J]. Operations Research, 2017, 65(4): 1095 - 1113.

[142] Wang Y M, Gilland W, Tomlin B. Mitigating supply risk: Dual sourcing or process improvement? [J]. Manufacturing & Service Operations Management, 2010, 12(3): 489 - 510.

[143]Wang Y Y, Zhang Y Y. Remanufacturer's production strategy with capital constraint and differentiated demand [J]. Journal of Intelligent Manufacturing, 2017, 28(4): 869 - 882.

[144]Wei S G, Cheng D B, Sundin E, et al. Motives and barriers of the remanufacturing industry in China[J]. Journal of Cleaner Production, 2015, 94(5): 340 - 351.

[145] Wei S G, Tang O. Real option approach to evaluate cores for remanufacturing in service markets[J]. International Journal of Production Research, 2015, 53(8): 2306 - 2320.

[146] Weiss D, Maher M W. Operational hedging against adverse

circumstances[J]. Journal of Operations Management, 2009, 27(5): 362-373.

[147]Wen H J, Liu M Z, Liu C Y, et al. Remanufacturing production planning with compensation function approximation method [J]. Applied Mathematics and Computation, 2015, 256(4): 742-753.

[148]Xu X S, Wang H W, Dang C Y, et al. The loss-averse newsvendor model with backordering[J]. International Journal of Production Economics, 2017, 188(6): 1-10.

[149]Xue W L, Ma L J, Shen H C. Optimal inventory and hedging decisions with CVaR consideration[J]. International Journal of Production Economics, 2015, 162(4): 70-82.

[150]Yan X M, Chao X L, Lu Y, et al. Optimal policies for selling new and remanufactured products[J]. Production and Operations Management, 2017, 26(9): 1746-1759.

[151] Yang C H, Liu H B, Ji P, et al. Optimal acquisition and remanufacturing policies for multi-product remanufacturing systems[J]. Journal of Cleaner Production, 2016, 135(11): 1571-1579.

[152]Yazdian S A, Shahanaghi K, Makui A. Joint optimisation of price, warranty and recovery planning in remanufacturing of used products under linear and non-linear demand, return and cost functions[J]. International Journal of Systems Science, 2016, 47(5): 1155-1175.

[153]Yu H, Solvang W D. Incorporating flexible capacity in the planning of a multi-product multi-echelon sustainable reverse logistics network under uncertainty[J]. Journal of Cleaner Production, 2018, 198(10): 285-303.

[154]Yun C, Kim Y, Park J, et al. Optimal procurement and operational planning for risk management of an integrated biorefinery process[J]. Chemical Engineering Research and Design, 2009, 87(9): 1184-1190.

[155]Zanoni S, Segerstedt A, Tang O, et al. Multi-product economic lot scheduling problem with manufacturing and remanufacturing using a basic period policy[J]. Computers & Industrial Engineering, 2012, 62(4): 1025-1033.

[156]Zeballos L J, Méndez C A, Barbosa-Povoa A P. Design and planning

of closed-loop supply chains: A risk-averse multistage stochastic approach[J]. Industrial & Engineering Chemistry Research, 2016, 55(21): 6236-6249.

[157] Zhang F Q, Zhang R Y. Trade-in remanufacturing, customer purchasing behavior, and government policy[J]. Manufacturing & Service Operations Management, 2018, 20(4): 601-616.

[158] Zhang W G, Yu X, Liu Y J. Trade and currency options hedging model[J]. Journal of Computational and Applied Mathematics, 2018, 343(12): 328-340.

[159] Zhao L M, Huchzermeier A. Integrated operational and financial hedging with capacity reshoring[J]. European Journal of Operational Research, 2017, 260(2): 557-570.

[160] Zhao L M, Huchzermeier A. Operations-finance interface models: A literature review and framework[J]. European Journal of Operational Research, 2015, 244(3): 905-917.

[161] Zhou J, Deng Q W, Li T. Optimal acquisition and remanufacturing policies considering the effect of quality uncertainty on carbon emissions[J]. Journal of Cleaner Production, 2018, 186(6): 180-190.

[162] Zhou L, Naim M M, Disney S M. The impact of product returns and remanufacturing uncertainties on the dynamic performance of a multi-echelon closed-loop supply chain[J]. International Journal of Production Economics, 2017, 183(1): 487-502.

[163] Zhou S X, Yu Y K. TECHNICAL NOTE—optimal product acquisition, pricing, and inventory management for systems with remanufacturing[J]. Operations Research, 2011, 59(2): 514-521.

[164] Zouadi T, Yalaoui A, Reghioui M. Hybrid manufacturing/remanufacturing lot-sizing and supplier selection with returns, under carbon emission constraint[J]. International Journal of Production Research, 2018, 56(3): 1233-1248.

后 记

随着能源、资源、环境约束的加剧，绿色制造理念已逐渐成为全球共识。再制造作为实现低碳经济的重要途径之一，不仅可以提高制造企业的利润，而且可以提高资源利用效率，降低碳排放，势必会得到最大限度的发展。然而，相较于传统的生产制造，再制造生产过程中存在更多的不确定因素，例如：废旧产品回收率的不确定、生产加工时间及产品品质的不稳定、再制造品的价格及需求波动较大等。再制造过程中的不确定因素使得再制造企业面临着更大的生产运作风险，为此，再制造企业亟须寻找控制其运作风险的有效手段。风险对冲在金融学上指特意减低另一项投资的风险的投资，是管理利率风险、价格风险和商品风险非常有效的办法。风险对冲可以根据投资者的风险承受能力和偏好，通过对冲比率的调节将风险降低到预期水平。从广义上讲，风险对冲包括运作对冲和金融对冲两种策略。运作对冲是指企业通过调整运作策略来管理和规避风险，金融对冲是指通过投资金融衍生品的方式规避风险。

本书在考虑再制造商风险规避的基础上，将运作对冲和金融对冲引入再制造生产决策优化模型中，旨在整合生产运作过程中的物流和资金流，降低不确定因素对再制造的影响，以期实现再制造运作过程中的整体优化。

本书的创新性主要体现在以下几个方面：(1) 考虑再制造商的风险规避性。(2) 将运作对冲策略和金融对冲策略引入到再制造生产决策模型中。(3) 论证了运作对冲和金融对冲之间的关系，为相关再制造企业提供了可借鉴的管理建议。